プロローグ

　人は，自分が満足する決定をしたいと思い，悩むことがある。

　満足する決定をするためには，複数の視点から検討し，十分な手間や時間を掛ければいいのだろうか。

　社会的に重要とされる複数の視点をすべて網羅していれば，満足する結論が出せるのだろうか。その時，もし本人が大切にしたいと考える視点が含まれていなかったらどうだろう。あるいは，もし大切にしたいと思う基準が，本人にもはっきりしていなかったらどうなるのだろう。自分がどのような基準で判断したのか，本人にはわかるのだろうか。もし自分の出した結論に不満を感じたとして，その原因はどこにあると思うのだろう。

　あるいはもし，納得する結論が出せたとして，それまでに費やした時間の長さに不満なら，どう感じるのだろう。自分の考えを決めるために使った労力を思い，思考することをストレスと感じるようになるかもしれない。

　自分の意思を決定するためだけでもこれだけ悩んだのだから，将来自分の意思決定を振り返ったとき，今と同じくらいは自分の思考に満足していると思いたい。しかし，実はそうでもない場合がある。というのも，死について考える機会に出会ったとき，人は過去の自分の意思決定を後悔することがあるといわれているからだ。人により後悔する内容は異なるが，ここで注目したいのは，次のような四種類の後悔である。

後悔その１：他人の期待に沿うために決断していた。

　尊敬する人物にならって意思決定をする時，自身の価値観と一致する所があれば，自分の人生を生きている感覚が持てる。それがもし，自分の基準とは異

なっているにもかかわらず，他者からの肯定的評価への期待を優先させるために，その基準で判断するならば，誰の人生を生きていると感じるのだろうか。

後悔その２：他人のために尽くさなかった。

自分が物理的に何かを十分に所有しているかではなく，気持ちの上で，自分から相手に何かを提供しようとしたかということにかかわっている。自分のために何かをして欲しいと，相手に期待することが多かったと感じると，それが後々心に引っかかることもある。

後悔その３：リスクを恐れた。

人は，失敗や損失の可能性を恐れ，行動をためらうことがある。何かを恐れるのは，身を守るために必要な感覚である。一方で，もし行動した場合に自分が行動しない理由にしていた恐れが，現実になるか否かは，実際には行動を起こさなかったために確認することはできない。これでは自分のリスクを恐れる感覚が十分なのか，それとも必要以上に強すぎるのかを判断することは難しい。

後悔その４：心配ばかりしていた。

思考した結果何かを決定すれば，問題は解決し，心配から解放されるように思える。ところが，結論に満足できず，もっとよい結論を求め，思考を終わらせることが出来ない場合もある。日常生活では，重要度は様々だが，決断しなければならない問題は次々と起こる。そのため，「早く決めたいのに，まだ決められない」という悩みが次々と重なることになる。

人はより満足したい，あるいは少しでも心配を減らしたいと願い，思考し，決断を重ねながら生きている。にもかかわらず，人生のある瞬間に，自分の意思決定の結果は，自分が望んだものとは違うものを自分にもたらしたかもしれない，ということに気付く瞬間があるというのだ。どうしたら，後悔しない意思決定ができるのだろうか。

そこでまずPart 1では，なぜ自分の意思決定に満足できないのかを考えてみたい。自分が納得する意思決定をするためには，判断基準が影響することは理解しやすい。その際，脳のある種の習性により，無意識に基準を選び，無意識に判断することがあるとしたらどうだろう。このような場合でも，早い時点で自身が納得する結論が出せれば，問題は起こらない。しかしここでもし，「考え直せばもっと満足する結論が出せるかもしれない」と感じ，目の前の問題について考え続けたとしたら，どうなるのだろう。あるいは，何度考えて結論を出しても，自分にはそれがいいと思えず，そう感じる原因が分からなかったら，どうしたらいいのだろう。

本書ではまず初めに，「思考する」という行為に注目し，脳の中で何が起こるのかを考えていきたい。

Part 2では，判断基準として優先されにくい，共感について考える。共感に関してどのように扱ってきたのかを，脳の機能から推測する。そして，共感に対する脳の中での扱いを変化させることができるのかを考えてみたい。また，いくつかのテーマに関し，結論を思い煩うことなく自由に思考してみたい。判断基準の違いによる結論の変化，それに対する自身の満足感の変化などを観察出来ればと思う。そして，自分を取り巻く不安や恐怖を乗り越えるために，新たな判断基準を創造する勇気を持つ機会になればと思う。

どうしたら満足する意思決定ができるのか，という疑問に対する解決策の一つは，適切な手法を用いることである。そこでPart 3では，共感はあまり影響しない意思決定として，単独で行える経営学的手法を取り上げる。またPart 4では，共感が影響する意思決定手法として，相互依存関係を扱う交渉理論について考えていく。なお，Part 3に関しては，以前出版した書籍からの抜粋を使用している。

目　　次

プロローグ …………………………………………………………………… 1

Part 1　人はなぜ自分の意思決定に
満足できないのか

1章　人は思考に，何を求めているのか？ ……………………………… 3

2章　思考は脳の中だけでするのだろうか？ …………………………… 6

　思考するとはどういうことか？ ………………………………………… 6

　思考する時，身体に何が起こるのか？ ……………………………… 8

　自分が思考すると相手にも影響する？ ……………………………… 8

　「相手が先に譲歩するから，スムーズに合意できる」と感じる理由 ……11

3章　会計ルールは逆転する？ ………………………………………… 12

　譲歩の利益と尊厳の利益 ……………………………………………… 14

　「尊厳の利益がプラスになる」とは？ ……………………………… 15

　「尊厳の利益がマイナスになる」とは？ …………………………… 16

　思考のループを終了させるために ………………………………… 17

　共感が判断基準として優先されにくい理由 ……………………… 19

　自己防衛としての共感 ……………………………………………… 20

　社会に知られず他者に共感する意味は？ ………………………… 21

Part 2　共感する思考を学習するには？

1章　脳が共感する頻度を減らした理由 ……………………………… 25

　脳は無意識に反応する ……………………………………………… 25

　「自分の好む現実」を記憶する脳 ………………………………… 27

1

望む方向へ修正される思い出 ……………………………………… 28

なぜ，共感する経験の記憶は思い出しにくいのか ……………… 29

2章　経験を肯定できるものに変えて記憶する ……………… 31

無意識に学習する脳に関して自分にできることは？ …………… 32

3章　聞く技術の感度を向上させるためには？
　　　：エンターテナーとして小学生にShowをする ………… 34

自分が感動したあるいは理解している内容 ……………………… 34

自分が不得意な内容 ………………………………………………… 35

質疑応答の形式 ……………………………………………………… 36

聞き手の肯定的態度は本心？ ……………………………………… 37

聞き手の否定的態度は本心？ ……………………………………… 39

心に忍耐力が必要なエンターテナー ……………………………… 39

肯定的サインを受け取れるようになる …………………………… 40

自分の心を観察する ………………………………………………… 41

4章　本心と主張との関係は？：ディベート ………………… 42

テーマを決める ……………………………………………………… 43

論点を考える ………………………………………………………… 43

ディベートの勝者の主張は正しいのか？ ………………………… 46

5章　共感が行動に現れる？：商品開発ゲーム ……………… 47

6章　思索を通して心の動きを観察する ……………………… 49

6-1　思索テーマ：この世は天国か地獄？ ……………………… 49

6-2　思索テーマ：便利はいいことか？ ………………………… 49

6-3　思索テーマ：自分はラッキーかアンラッキーか？ ……… 50

6-4　思索テーマ：賃金以外の働く喜びとは？ ………………… 50

Part 3　共感があまり影響しない意思決定
：単独での思考を扱う経営学的手法

1章　意思決定と情報 ……………………………………………… 55

思考のプロセス …………………………………………………… 55

情報活動 …………………………………………………………… 56

設計活動 …………………………………………………………… 57

選択活動 …………………………………………………………… 57

検討活動 …………………………………………………………… 57

確実性下の意思決定問題 ………………………………………… 58

リスク下の意思決定問題 ………………………………………… 58

不確実性下の意思決定問題 ……………………………………… 59

　最大最小基準 ……………………………………………………… 60

　最大最大基準 ……………………………………………………… 60

対立下の意思決定問題 …………………………………………… 61

2章　決定分析 ……………………………………………………… 62

2-1　最適戦略を選択する手法：ディシジョン・ツリー ……… 62

　ディシジョン・ツリーの事例1：最適戦略 ………………… 66

　ディシジョン・ツリーの事例2：情報の価値 ……………… 70

2-2　効用測定理論 ………………………………………………… 75

3章　プロジェクト管理のための手法：PART ………………… 78

最早時間 …………………………………………………………… 79

最遅時間 …………………………………………………………… 81

4章　マーケット戦略 …………………………………………… 83

4-1　市場占有率の動向を予測する手法：マルコフ分析 ……… 83

4-2　プロダクト・ライフ・サイクル …………………………… 87

4-3　プロダクト・ポートフォリオ ……………………………… 89

5章	待ち行列に関する手法：サービス・システム分析	……… 92
6章	経営状況を判断するための手法：財務決定分析	………… 98
7章	コストに関する手法：在庫決定分析	……………… 101
8章	伝えられることと伝えられないこと	………………… 105

Part 4　共感が影響する意思決定
：相互依存関係を扱う交渉理論

1章　交渉とは？	……………………	109
交渉の構造		109
2章　交渉学の7つの視点	……………	112
1. 利害，関心事項（Interest）	……………	113
2. オプション（Options）	……………	115
3. 代替案（Alternatives）	……………	116
4. 正当性（Legitimacy）	……………	117
5. コミュニケーション（Communication）	……………	118
6. 相互関係（Relationship）	……………	119
7. 落とし所（Commitment）	……………	121
7つの視点による交渉事例分析	……………	122
3章　交渉の戦略	…………………	128
4章　交渉決裂への対処	……………	134
交渉者の知覚を邪魔するもの	……………	134
交渉相手に対処する方法	……………	137
対応の仕方の段階	……………	137
5章　対立に終結はあるのか？	……………	143
対立の定義	……………	143
対立の種類	……………	143
対立がエスカレートする過程	……………	144

目　　次

エスカレートした対立は終結するのか？ ………………………… 145

6章　交渉の利害関係者とは？ …………………………………… 147

不適切な利害関係者 ………………………………………… 147

適切な利害関係者 …………………………………………… 148

「将来不利益を被る」のは利害関係者？ ………………………… 148

「失敗から学ぶ方法」を学ぶために思考する ………………… 153

想像力と失敗 ………………………………………………… 154

エピローグ …………………………………………………………… 155

謝辞－あとがきに代えて …………………………………………… 157

Thought—Accounting Rule Reversals and Sympathy

Summary

Part 1 : Why People Are Dissatisfied with Decision-making

Chapter 1 : What Humans Expect of Thought ………………… 161

Chapter 2 : Is Thought Confined within the Brain ? ………… 161

What is thought ? …………………………………………… 161

What happens in the body during thinking ? ………………… 162

Do one's own thoughts influence others? …………………… 163

Why do agreements seem easy to achieve when the other

party makes concessions in advance ? ………………………… 163

Chapter 3 : Does "Reversal of Accounting Rules" Happen ? ·· 164

What does a positive advantage for dignity mean ? …………… 165

What does a negative result for dignity mean ? ……………… 165

Sympathy as self-defense …………………………………… 166

The meaning of altruistic sympathy unknown to society ……… 168

Thought for learning from mistakes ………………………… 168

Power of imagination and mistakes ………………………… 169

5

Acknowledgment —in Place of a Postscript ·························· 170

参 考 文 献 ·· 175
主 要 索 引 ·· 179

Part 1

人はなぜ自分の意思決定に満足できないのか

1章　人は思考に，何を求めているのか？

何かを考えなければと思う時，いったい人は何を求めているのだろうか。

まず最低限でも失敗は避けたいと思うだろう。また，今の時代によいと思われている判断基準で考えるのも，それが一つの解決策になると考えるからだ。

自分の行動を決めるために考えようと思う理由は，他者からの悪い評価を避けるためなのかもしれない。それが，次第にもっと確かだと思えるもの，もっと良いと思えるものへと変化していく。このような思考過程を図にしたものが，図1-1である。

図1-1　思考Step

開始Step：他者または自身が見過ごせないと思う状況にいると感じる。

思考Step 1)：思考に先立ち，意図して，あるいは習慣による無意識により，判断
基準が選ばれる。

→**思考Step 2)**：思考し，自分がどうするか結論を出す。

思考Step 3)：自分の結論に自分は満足ができる？

　　　　　　Yes → 終了Step：満足して思考を終了する。

　　　　　　No↓ （行動しないまたは行動するStepへ）

─**思考Step 4)**：もっと満足する結論を求め，**思考Step 2)**から4)のループを再度
開始する。

（著者作成）

Part 1　人はなぜ自分の意思決定に満足できないのか

　では，プロローグで取り上げた，人生のある時点で人が感じる後悔は，どの**思考Step**に関係しているのだろうか。

図1-2　思考Stepと後悔その1，その2との関係

何から逃れたい？	他者からの悪い評価を避けたい

↓

そのために何をした？	図1-1**思考Step** 1)で他人が評価している基準を優先することにした

↓

何が起きた？	自分が納得できない基準で判断した
その結果は？	後悔その1：他人の期待に沿うために決断した 後悔その2：他人のために尽くさなかった

（著者作成）

　他者からの悪い評価を避けるために，他者がよいと考える基準を用いて判断することがある。その結果が自分に対するよい評価につながれば，その時は満足できる意思決定をしたと思える。しかし，未来の自分の満足感は，その時点ではわからない。

図1-3　思考Stepと後悔その3，その4との関係

何から逃れたい？	失敗するリスクを避けたい

↓

そのために何をした？	もっと低いリスク，あるいはもっと確実な結論を求め，図1-1**思考Step** 2)から4)のループを繰り返した

↓

何が起きた？	思考のループを終了できなくなった
その結果は？	後悔その3：リスクを恐れた 後悔その4：心配ばかりしていた

（著者作成）

　失敗するリスクを避けるためには，よく考えたいと思う。もし自分が許せる範囲内に満足出来る結論に至れば，問題はない。しかしもっとリスクを減らし

4

1章　人は思考に，何を求めているのか？

たいと思い，何度も思考ループを繰り返すなら，思考に費やす時間は次第に長くなる。悩みを解決するために思考していたはずが，思考する行為それ自体が新たな悩みの種，例えば「いつも心配ばかりしていてる」にもなりかねない。

Part 1　人はなぜ自分の意思決定に満足できないのか

2章　思考は脳の中だけで するのだろうか？

　科学的技術を用いて思考に関連する人体の部位や，その部位の変化などの細部を観察し，問題解決の糸口を見つけようとする方法もある。しかしここでは，思考実験により，思考するという行為のメカニズムについて推測してみたい。思考実験とは，技術レベルでの制約を受けることなく，もし実験が出来たらどんな結果が得られるのかを，論理的に追求できる方法の一つである。

思考するとはどういうことか？

　先人の教えには，例えばキリスト教には，「わたしがあなたがたを愛したように，そのように，あなたがたも，互いに愛し合いなさい。」という言葉がある(1)。

　また，ネイティブアメリカンの言い伝えでは，大地は所有物ではない，と考えている(2)。その上で更に，現在だけでなく，次の世代の人たち，まだ地下にいて生まれていない未来の国の子どもたちの顔さえもつねに思い浮かべ，土地を良好で穢れのないままに保たねばならない，としている。

　西洋文明の中でも，またそれ以外の文明の中でも共通して，自分だけではなく，他者の幸せを考えることについて語られている。先人たちの導き出した生きる上でのヒントを，自分が生きる上でのヒントに関連づけることは難しく，判断基準に迷い，そしてある意味では犠牲を払いながら考え続けた結果，場合によっては自分のために思考しているにもかかわらず，思考すること自体が悩みになるというループにはまっていく。

6

2章　思考は脳の中だけでするのだろうか？

　先人たちの言葉にある，「他者の幸せを考える」ということは，自分の幸せにどう関係しているのだろうか。自分のために思考するという行為は，他者とどのように関連してくるのだろうか。

　ここでは思考の定義を，「思考を行うことにより，自分の身体にも影響を及ぼし，その結果として相手との間で何らかの交換を行い，相手の思考に影響を及ぼす可能性のある行為」としてみたい。その際，人間を脳と，心と肉体を意味する身体との二つに分けて考えることが重要だと考える。

　なぜ思考は自分自身の全身に関係し，さらには相手にも影響する行為として考えられるのだろうか。そこでまず思考を必要とする状況に気付くところから始め，自分が脳の中で思考をすると，何が起きる可能性があるのかを見ていきたい。

図1-4　脳で思考すると起こるかもしれないこと

1) 思考開始の状況：
　他者または自身が見過ごせない状況にいると感じる
　（感覚器官：目，耳，鼻，皮膚感覚，あるいはそれ以外の可能性もある）
　　　　　　　　　↓
2) 感覚器官の感度により，現実の状況を加工した情報が，電気あるいは化学信号として脳へ届く
　　　　　　　　　↓
3) 脳が状況を解釈する＝電気的あるいは化学的な変化が起こる
　　　　　　　　　↓
4) 脳が何かを考える＝電気的あるいは化学的な変化が起こる
　　　　　　　　　↓
5) 脳内の電気的あるいは化学的変化が身体に伝わる
　　　　　　　　　↓
6) 脳からの刺激に対し，身体でも変化が起こる＝電気的あるいは化学的変化，物質の発生が起こる

（著者作成）

Part 1　人はなぜ自分の意思決定に満足できないのか

思考する時，身体に何が起こるのか？

　人がある状況を気にかけるということを，図4-5の2) **感覚器官**により何か
を身体に取り入れることと捉えてみたい。それを受けて，3) **脳が状況を解釈
する**，あるいは，4) **脳が何かを考える**働きが始まる。そのように脳が働く際
には，電気あるいは化学信号が発生する(3)。5) **脳内の電気的あるいは化学的
変化**を引き金として，身体に何らかの電気的あるいは化学的変化が伝わる。そ
れにより，6) **脳からの刺激に対し，身体でも変化が起こる**可能性がある。身
体で起こる変化は，電気信号の形をとるかもしれないし，何らかの物質を発生
させるかもしれない。つまり，「病は気から」というが，脳が活動した結果は，
無意識にあるいは意識され，身体にも影響を及ぼす可能性があると考えられる。

　ここでもし，脳から身体に伝わった刺激により，身体で何らかの物質が発生
しているとしたら，それにより何が起こると考えられるのだろうか。

自分が思考すると相手にも影響する？

　身体で発生した物質が微量であれば，たとえ体外に放出されたとしても，相
手には届かないかもしれない。しかしもし，相手の感覚器官がとても鋭かった
らどうだろう。あるいは，相手が複数の感覚器官を使いこなし，それを感知し
たとしたら，相手はどうするのだろうか。ある動物から発せられた大気中の揮
発性物質により，別の動物が行動や生理的反応を起こす(4)ことがある。もしそ
うであれば，自分が脳内で行った思考という行為に関しても，状況と相手次第
では，何らかの形で相手に伝わる可能性があると考えられる。

2章　思考は脳の中だけでするのだろうか？

図1-5　脳内の思考を相手が受け取る可能性

自分の内部	1) 思考開始の状況： 　他者または自身が見過ごせない状況にいると感じる（感覚器官：目，耳，鼻，皮膚感覚，あるいはそれ以外の可能性もある） ↓ 2) **感覚器官**の感度により，現実の状況を加工した情報が，電気あるいは化学信号として脳へ届く ↓ 3) **脳が状況を解釈する**＝電気的あるいは化学的な変化が起こる ↓ 4) **脳が何かを考える**＝電気的あるいは化学的な変化が起こる ↓ 5) **脳内の電気的あるいは化学的変化**が身体に伝わる ↓ 6) **脳からの刺激に対し，身体でも変化が起こる**＝電気的あるいは化学的な変化，物質の発生が起こる
	↓ 7) 空間を介して，あるいは視覚的要因により相手に何かが届く ↓
相手の内部	8) 相手から何かを受け取った，と身体が感じる 　相手が受け取るものとその量は，相手の感覚器官の感度により，個人差がある ↓ 9)「受け取った」と感じた刺激に対し，身体で変化が起こる 　　　　　　＝電気的あるいは化学的な変化，物質の発生が起こる ↓ 10) 身体の変化が，電気あるいは化学信号として脳に伝わる 　届く情報は，双方の感覚器官の感度により，こちらが発信した情報とは異なる可能性がある ↓ 11) 脳が状況を解釈する＝電気的あるいは化学的な変化が起こる ↓ 12) 脳が何かを考える＝電気的あるいは化学的な変化が起こる

（著者作成）

　では次に，こちらが意図せず発生させたものを，相手はどのように受け取るのだろうか。こちらが思考した結果が，相手にどのように影響を及ぼすのかを

9

Part 1 人はなぜ自分の意思決定に満足できないのか

推測したのが，図1-5である。

　この図では省略しているが，脳内で思考を始めると，それに伴い感情が発生する。何かを物理的に感じる，あるいは何かについて考えようとした際に，それに対して無意識にそして瞬間的に，快や不快といった感情が起こる可能性がある。気持ちが動くことにより，図1-5の3）と4）で状況を認識する際の思考が起こす電気あるいは化学信号とは別に，脳内では，感情を抱いたことにより新たに別の電気あるいは化学信号を発生させる可能性がある。この感情によって起きた信号も，脳内から身体へ伝わり，何らかの影響を及ぼし，それにより身体が直接に変化する，あるいは何らかの物質を生成する可能性もある。そしてそれが何らかの形で，相手に伝わる可能性もある。

　なお，伝わる情報に関しては，こちらの発した内容がそのまま相手に伝わらない場合が考えられる。なぜなら，相手の感覚器官が受け取る，あるいは「受け取った」と認識する内容は，こちらでは決定できないためである。感覚器官による認識は，あらかじめ個体ごとに決めた一定範囲内であれば，どの値でも反応し，その結果「何かを受け取った」と認識するようになる。その際の範囲は，個体差，環境差など，そのときの状況で影響を受ける可能性がある。相手の感覚器官が反応した場合でも，こちらから発信されたものと同一の内容を認識することになるとは限らない場合も考えられる。

　この時点で脳内に発生している電気的あるいは化学的変化の原因は，一番初めに状況を認識した際の思考と，思考に関連して発生した感情の二つになる。もし脳内で起きている電気的あるいは化学的変化を調べ，異なる二つの原因ごとに観察データを分けることができれば，それぞれに関連する脳の部位を特定することができるかもしれない。そうすれば特定の部分を，指定したエネルギーの分だけ活動させる，あるいはその反対に活動を抑えるといった目的で，個別にコントロールができるようになるかもしれない。それにより，より正確に情報を発信，受信できるようになる可能性がでてくるかもしれない。

10

2章　思考は脳の中だけでするのだろうか？

「相手が先に譲歩するから，スムーズに合意できる」と感じる理由

　もし「思考が何らかの形をとり，相手に伝わる」のなら，譲歩されたと感じる人が，実は相手より先に，自分が譲歩することを検討し始めている可能性が考えられる。多くの人は意見が対立する場面になると，まずは自分の主張を決める。しかしそれを発言する前に，無意識に相手の立場に立ち，相手の抱えている問題を解決するために，自分ができること，自分が譲れることがあるのかを探す。その後，自分の意見を再検討し，実際に発言をする。このような意図しない，無意識の思考の癖が，「相手が先に譲歩するからスムーズに合意できる」と感じさせている可能性が考えられる。

　譲歩に関して双方の間で行われるこれら一連の行為は，いわば「交渉フェロモン」によると考えれば，全体の構造がより明確になるかもしれない。フェロモンとは，ある生物の体内で生成され，それが発散し，他の生物に伝わることにより，その生物の体内で何らかの変化を起こさせる物質である。「交渉において重要とされる譲歩に関して思考を行う際に，人間の体内で発生し，他者に向けて無意識のうちに伝わり，受け取った人の譲歩に関する思考を促す働きをする」という物質がもしあるとするなら，交渉における譲歩は「交渉フェロモン」の影響を受けている，と表現することも出来るかもしれない。

11

Part 1　人はなぜ自分の意思決定に満足できないのか

3章　会計ルールは逆転する？

　自分の思考が自分にとってプラスなのかマイナスなのかは，どうすれば判断できるのだろうか。

　例えば譲るという思考は，相手に物質的に何かを提供することを意味している。同時に，例えばドアを通る順番を譲る，といった非物質的なものを相手に渡すことを意味する場合もある。ここでは，物質的と非物質的な両方の側面を持つ譲るという思考に関し，プラスとマイナスという感覚の比較をしてみたい。

　まずは一般的な会計ルールを簡略化した図1-6を参考にし，譲歩という思考を会計の視点から捉え直してみたい。

図1-6　一般的な会計ルール

財産	=	資本	+	消費財
目的　お金，現物，権利 （株券，特許権，商標権）		収入のために使う		状況維持に使う

貸借対照表（Balance Sheet：略して*BS*）

財産	=	負債	+	純資産 具体的に資本＋*利益*
将来の収入になる 資本の形		返済義務がある		返済義務がない

損益計算書（Profit and Loss Statement：略して*PL*）

売上	−	費用	=	*利益*
企業の活動により 入るお金		必要だが出ていく 無駄なお金		成果，つまり 会社の評価

（著者作成）

　一般的会計ルールのPLでは，利益の増加が評価につながる。そのために，利益を改善しプラス方向に拡大することは，重要な意思決定の目的の一つと考

12

3章　会計ルールは逆転する？

えられている。

一般的な会計ルールにおけるPL				
売上	−	費用	=	*利益*
入るお金	−	無駄なお金	=	会社の評価

譲歩の会計ルール				
売上		費用	=	*利益*
相手から譲歩してもらう	−	自分から相手に譲歩する	=	*譲歩の利益？*

（著者作成）

　譲歩の会計ルールでは，利益はどのような意味を持つのだろうか。***譲歩の利益***とは，もし利益がプラスであれば，相手から譲ってもらう方が多かったということになる。またもし，***譲歩の利益***がマイナスであれば，自分から譲ったことが多かったことを意味している。

　では，譲歩の会計ルールでは，それぞれの値が変化することを，どのように解釈できるのだろうか。予想される満足感は，次のようになる。

一般的な会計ルールで譲歩の利益を解釈する				
売上の増加	−	費用の増加	=	***譲歩の利益の増加***
満足の増加		不満の増加		もっと満足するためにプラスを 大きくしたい

（これは図1-1思考Stepがループする原因の一つ）

（著者作成）

　思考Step（図1-1）がループする原因は，この利益拡大志向にあるのかもしれない。一般的な会計ルールでは，利益の増加を目指すことは，向上心の表れであり，好ましい行為とも解釈できる。一方で，利益の拡大を求めて思考を続けるならば，いつ思考することを終了していいのかを，どうしたら判断できるのだろう。もっと好ましい答えを出せるかもしれないと思い，「もしもここで思考を終了したら，向上心に欠けると他者も自分も思うかもしれない」と，

13

Part 1　人はなぜ自分の意思決定に満足できないのか

不安や恐怖を感じるかもしれない。

　ここで注目したいことは，譲歩の会計ルールは，人間としての尊厳の会計ルールに影響する可能性が考えられることである。尊厳には，いろいろな捉え方がある。自分が生きていきたいと思える，自分を肯定し，これからも自分は生きようと思えることも，その中の一つである。

一般的な会計ルール			
現象：	売上	－　費用	＝　*利益*
解釈：	入るお金	無駄なお金	会社の評価
譲歩の会計ルール			
現象：	相手からの 譲歩の増加	自分からの －　譲歩の増加	＝　*譲歩の利益の増加*
解釈：	精神的負担 の可能性	－　満足の可能性	＝　満足する，あるいは， 精神的負担が増加する可能性
尊厳の会計ルール			
解釈：	自分を肯定する機会が 　　減少する可能性	自分を肯定する機会が －　　増加する可能性	＝　*尊厳の利益の増加*

（著者作成）

譲歩の利益と尊厳の利益

　*譲歩の利益*が増加することは，相手から受け取った譲歩が多くなることを表わしている。これを心がどう感じるのかには，個人差があり，またその時々の状況で変化することも考えられる。譲歩されることが多くなるということは，満足感が増す場合もあり，またその反対に，精神的負担が増す場合も考えられる。

　ここで注目したいことは，一般的な会計ルールと*尊厳の利益*とでは，利益の増加に対する解釈が一致しない場合が考えられるという点である。

14

3章　会計ルールは逆転する？

表1-1　尊厳の利益を解釈する

相手から受ける譲歩　－　自分からの譲歩　＝　*譲歩・尊厳の利益の値？*		
	A　*譲歩の利益の値*	B　*A*を*尊厳の利益の値*として解釈する
C 誕生以降	(1)　プラス方向に増加する	(4)　当然と受け止め，あまり精神的負担を感じないことが多い
D ある時以降	(2)　増加しにくくなる，あるいは，マイナスになることもある	(5)　自分を肯定する機会と感じる場合がある (6)　他者に不満を感じる場合がある
	(3)　プラス方向に増加する	(7)　精神的負担を感じない場合がある (8)　精神的負担を感じる場合がある

（著者作成）

*尊厳の利益*について考えるために，表1-1Dの，「ある時以降」の値がA(2)のマイナス，あるいはA(3)のプラス方向に増加する場合について考えてみたい。

一般的な会計ルールでは，利益を増加させることは，成功者としてみなされ，自他ともに自分に対する評価を高める場合がある。一方，尊厳の会計ルールでは，反対の解釈になる可能性が考えられる。

「尊厳の利益がプラスになる」とは？

人は，相手から譲歩されることを，嬉しいと感じることがある（表1-1のB(7)）。その一方で，自分にできることを探し，相手に譲ることに喜びを感じることもある（表1-1のB(5)）。これは，自分が相手に譲ることにより，自分で自分を肯定する機会を持てるからともいえる。つまり，譲歩の利益のマイナスは，尊厳の利益のプラスにつながる場合があるということである。

15

Part 1　人はなぜ自分の意思決定に満足できないのか

「尊厳の利益がマイナスになる」とは？

　一方で人は，自分が何らかの譲歩を受けると，それに対して精神的負担を感じることもある（表1-1のB(8)）。つまり，**譲歩の利益**がプラスになることで，**尊厳の利益**がマイナスになると感じる場合もあるのだ。

　自分が生きることを肯定する，つまり，尊厳を感じる機会として自身の譲歩を捉えると，一般的会計ルールが逆転する意味が見えてくる。**尊厳の利益**の減少を防ぐために，つまり，自分を肯定する機会を逃さないために，譲歩する機会を必要とする場合があると考えられる。

図1-7　尊厳の会計ルールにおけるバランスシート（*BS*）

一般的会計ルールにおける*BS*		
資産　　　　　　　　=	負債　　　　　　　　+	純資産
「将来の収入になる」と 自分が感じるもの	「返済義務あり」と 自分が感じるもの	「返済義務なし」と 自分が感じるもの
尊厳の会計ルール		
「生きてこうという 　肯定感を生み出す思考」= を育てる機会	物理的・非物理的に 他者から共感して　+ もらう機会	物理的・非物理的に 自分から 共感を示す機会

（著者作成）

　一般的会計ルールで用いるBSを，尊厳の会計ルールと比較したものが図1-7である。一般的に人は，「将来の収入になる」ものを増やすためには，自分が所有する資産を増やすことに努める。そのためには，他者の苦しみに対して心が動いてしまうことを，ある程度制限する方が都合がよいことがあると思うようになったとも考えられる。

　一方，尊厳の会計ルールでは，「生きよう」と思うためには，共感される，あるいは共感する機会を持ち，それにより共感するという思考を自分で身に付けていく必要がある。この共感するという思考は，相手から無条件に共感ゆえ

の行為を受け取ることにより，自分の中に取り入れられる。そのような経験を参考にして人は，今度は自分から共感を示したときに，逆に相手が自分を肯定してくれたことにより自分で自分を肯定できるという体験をする。このような経験を積み重ねることで，共感を扱う能力は育っていくのではないだろうか。

思考のループを終了させるために

　思考する目的は，当初は自分に対する悪い評価への恐れや，将来何かが不足することへの不安から逃れるためだったかもしれない。やがてそれに，もっといい評価を受けたい，もっと安心を確実なものにしたい，といった望みが加わっていく。その結果，思考を止めることは，将来手に入れられるかもしれない自身の安心を，自分の意思で放棄することに思えてしまうのかもしれない。それにより，これくらいの利益で十分と考え，思考を終了しようとすることに対し，不安や恐怖といった感情が生まれる。そして，自分の思考を，自分の意思では終了できなくなる。このような状況では，図1-8のように，判断基準を意識することが，解決につながるかもしれない。

図1-8　思考のループを終了するための判断基準

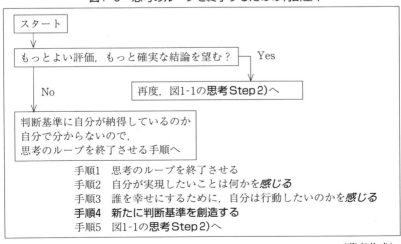

（著者作成）

Part 1 人はなぜ自分の意思決定に満足できないのか

　なぜ，一般的会計と人間の尊厳との間では，会計ルールの逆転が起きるのだろうか。

　物質的，非物質的にかかわらず，相手に何かを渡すことは，自分が生きていく上での尊厳に影響を及ぼす可能性があると考えられる。にも関わらず，意思決定する際の判断基準としては，優先されないことがある。そこで，思考ループを終了するためには，図1-8の**手順4　新たに判断基準を創造する**ことが必要になる。

　一方で，その準備として手順2　自分が実現したいことは何かや，手順3　誰を幸せにするために，自分は行動したいのかを，*感じる*ことが必要になる。ここで考えるのではなく*感じる*ことが求められる理由は，自分が何をよしとするのかを知るためである。考えようと思うと，自分ではなく一般的な評価によって判断する傾向がある。ここで必要なことは，自分の自由にできるものが自分の意思だけならば，自分は何を大切にしたいと思うのかを，自分に対して知らせる機会を持つことである。

　図1-8の手順2，3を行うことは，自分に対する評価が変化する，あるいは何かを手放す可能性に関連してくるため，不安，恐怖などを引き起こす可能性もある。したがって，図1-8の**手順4　新たに判断基準を創造する**を行うためには，つまり，思考の習慣を変えるためには，ある種の勇気が必要になる。

　この図1-8の**手順4　新たに判断基準を創造する**という，一見すると自分がいままでに行ったことが無いように思われる行為に関し，生き物の視点から考えてみたい。生き物に共通した能力として，他者との間に抱く「共感する」という能力が観察されているからである。

共感が判断基準として優先されにくい理由

　比較を始める前に，人間以外の生き物と人間の能力とを比較することはできるのかという点について考えておきたい。例えば，自転車に乗れる能力を比較するとする。人間は日常生活の中で，便利なので自転車に乗りたいと思うことがある。そして人間以外にも，自転車に「乗ることができる」生き物がいるかもしれない。さらに訓練をすれば，上手く乗りこなせるようになるかもしれない。しかしどれだけ上達しても，その生き物にとって日常生活では使う必要のない能力，あるいは，例えば餌と関連付けて教育すると使う意欲を持てる能力であることに変わりはない。

　ここでは，生き物が意味を見出している行為を比較したい。そこで注目するのが，他者に対して共感して行動するという能力である。共感とは，言語以外の方法により，他者と思いや考えを共有することである。ある個体の感情の状況を別の個体が認識し，同じような感情を経験することにある。

　また特に，他者を気に掛ける機能を「感情伝染」という[5]。これは，他者の感情に触発され，自分の感情を喚起することである[5]。最も単純な形は，自分の感情と他者の感情をまったく区別せず，同一化するという反応であり，例えばラットでは，レバーを押して苦しんでいるラットを，罠から解放することが観察されている[6]。また，他者の世話をするという行動は，動物が生まれながらにして持っている反応であり，反応する刺激があったときに自動的に誘発される行為であると考えられている[5]。例えば生物学的には何の利益もないにもかかわらず，盲目の個体を別の個体が誘導したという例は，犬同士，ラバ同士，カメとカバなどで観察されている[7]。

　あるいは，[8]によれば，人間の生後14か月および18か月の幼児が血縁のない

Part 1　人はなぜ自分の意思決定に満足できないのか

大人に対面した時に，大人がちょっとした問題に直面していると，幼児が問題解決を援助するという[8]。ただし，例えば大人が洗濯ばさみをうっかりではなくわざと投げる，あるいは手がいっぱいで戸棚の戸が開けられないのではなく，何か他のことをしていて戸棚にぶつかったときは，それを見ていた幼児は援助行動を行わない。

　このような，他者の苦しみに反応するという機能は，子どものうちは相手が誰でも機能し，年齢を重ねると相手が限定されるようになる。そして成長した動物は，役を引き受けるかどうかを判断するようになることも報告されている[5]。

　つまり，人間も他の生き物も，他者より自分を優先する方が，生きる上では都合がよい場合があることを学習する。それと同時に，群れで生活する動物のリーダーには，群れのメンバーを気遣う優しさが備わっている。そのため，他者を優先させることができると，他の生き物から支持されることがあることも学習する必要がでてくる。つまり，他者と自分のどちらを優先させるかという判断のバランスを学習することが重要になる。

自己防衛としての共感

　人が自分を守りたいと思う理由は，不用意で無防備になることを恐れるからである。この感覚は本能的なもので，生存するためには必要な感覚ともいえる。それが極端に優先される，つまり「自分のためにもっと何かが必要だ」と考え続ける状態（表1-1のD[6]）になると，自分にとってはある面で不都合な状態になる。なぜなら，自らを肯定し，尊厳を持つ機会を与えてくれるものの一つが，他者に何かを譲ること，共感することだからである。

3章　会計ルールは逆転する？

図1-9　自分の意思決定に不満を感じたら？

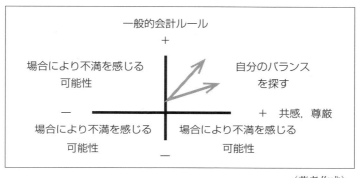

（著者作成）

　何かと比較して肯定する，あるいは安心を感じるという思考は，一時的な満足感を人に与えてくれる。一時的としか断定できない理由は，このような満足感は，状況が変化することにより，挫折感，敗北感，孤独感へと変化する可能性があるからである。
　一方，共感の思考からくる満足感は，継続的なものである。自身を肯定する機会は，状況の変化にかかわらず，自分が共感する機会を見つけられる限り，将来も自身の命が続く限り，確実に保証されている。そして，自身の挫折感，敗北感，孤独感を共有してくれる他者も，生涯に渡って見出すことが容易になる。

社会に知られず他者に共感する意味は？

　社会にあまり知られることなく，他者に共感することに，意味はあるのだろうか。
　その答えは，他者への共感こそが自分を肯定させてくれる機会となるという考えである。生きていく上で人はだれでも，絶望，恐怖，孤独などを次々と経験することがある。そのような中で，それでも生きようと思えるのは，自分が

Part 1　人はなぜ自分の意思決定に満足できないのか

共感した相手からの返事としての笑顔があるからかもしれない。あるいは，自分に対して共感してくれる人からの笑顔が，自分に対して「生きて」と言ってくれていると思えるからかもしれない。生きる力の一つが，共感にあるのかもしれない。

　自分のすべてを失ったと思った時でも，確実に残っていて，自分の意思で自由に決められるもの，それが自らの精神である。自らの精神にとり，どれくらいの尊厳が必要かは，本人が決めることである。自らの精神が望む，自身が必要とするだけの尊厳を与えられるものの一つが，自身の共感に対する思考といってよいのかもしれない。

22

Part 2

共感する思考を学習するには？

1章　脳が共感する頻度を減らした理由

　自分の人生を振り返った時に，心配ばかりしていた，あるいは親切にしておけばよかったなどの後悔を感じるならば，「共感を行動で示す頻度を減らす」という脳の判断基準が関係しているかもしれない。もしこれが脳による自動的学習の結果なら，なぜ自分はその学習過程を認識し，コントロールすることができなかったのだろうか。ここでは，共感に関する脳の学習過程を，脳の機能を参考にしながら考えていきたい。

脳は無意識に反応する

　脳は，より早く反応できるようになるために，ニューロン（神経細胞）の結合を変化させている。その変化は，次のように行われる[9]。

　まず繰り返し経験したことは，脳の中で他の情報と関連付けられる。そしてグループとしてまとめて記憶された情報には，必要なときに瞬時にアクセスできるようになる。つまり，それが何であるのかを正確に詳しく理解しなくても，無意識に反応することができるようになるのである。脳がこのような働きを選んだ理由は，自分が見ているものを理解するための時間が短いほど，危険に遭遇したときに素早く行動でき，生き残る可能性が高くなるからだ。これは，限られた情報から瞬時に推測できる能力でもある。

図2-1　脳の反応は意識から無意識へ変化する

意識して反応する		→		無意識に反応してしまう
初めて 経験する	→ ニューロンの 　　結合が生じる	→ 繰り返し 　　経験する	→ ニューロンの結合が 　　強化される	

（著者作成）

Part 2 共感する思考を学習するには？

　脳の反応を早くするために，脳では次のような変化が起こる。まず様々な経験を重ねることにより，シナプス（神経細胞同士のつなぎ目）の結合が増える。それがやがて同じような経験を重ねるうちに，無用だと脳が判断した結合は排除されていく。自分の置かれた環境に合わせ，最適化した脳へと変化していくのである(9)。

図2-2　無意識の反応が可能になる理由

誕生してからの期間 ↓ 経験を積んだ後	シナプスの結合が過剰なまでに増加していく ↓ 不要だと判断した， つまり，あまり使わなくなったシナプスを削除する

（著者作成）

　共感する思考が優先されにくい理由は，脳の働きにその一因があると考えられる。誕生してからの脳は，周囲の環境や生き物や人間などに対し，頻繁に共感していた。その結果，シナプスの結合が過剰なまでに増加する。それが生活をする中で，「共感しない方が自分にとってはいい場合もある」という経験をすることにより，次に似たような状況では，共感しなくなる。

　このように共感する頻度が減っていくと，脳は不要なシナプスの結合を削除する際に，あまり使われなくなった共感に関するものも削除の対象にする可能性がある。共感をめぐる経験とシナプスの結合の削除が継続して起こり，共感しない反応を，無意識に自動的に選ぶようになるのかもしれない。

　では，脳はどうして共感しない方がいい場合があるという経験を，優先して記憶に残すべき経験として処理し，思い出しやすくさせていったのだろうか。記憶されやすい経験と記憶されにくい経験とでは，脳にとってはどのように異なるのだろう。

1章　脳が共感する頻度を減らした理由

「自分の好む現実」を記憶する脳

　脳が何かを記憶する際には，同時に行うことがいくつかあるという(9)。それは，理解する，分類する，その情報を既存のものと結びつけるというものである。それにより，見ているもの，あるいは思い出しているものが，何なのかを理解することができるようになる。理解できることで，記憶しやすくなるのである。

　例えば球形に近い金属製のドアノブが，いろいろな物の中に混ざっているとする。それを見てドアノブだと気付いた人は，つまり瞬時にドアノブの存在意義を認められた人は，後から質問されたときに，ドアノブがあったことを思い出せるかもしれない。もし西洋的ドア，あるいはドアノブというものを知らない人なら，後から写真を見せて質問されたとしても，それを自分が見たことを思い出せない可能性がある。

　脳には既に知っている，理解できる，あるいは既存の情報と関連付けられる情報を記憶しやすいという特徴があるという(9)。何かを感じた時に，それを記憶に残りやすくするために，脳は既存の情報との整合性を探し，あるいは作り出し，情報をグループにして関連付けようとする。そうすれば，一度に複数の情報を記憶する，あるいは思い出せるようになるからである。

27

Part 2　共感する思考を学習するには？

図2-3　人が何かを感じた時に脳が判断をする

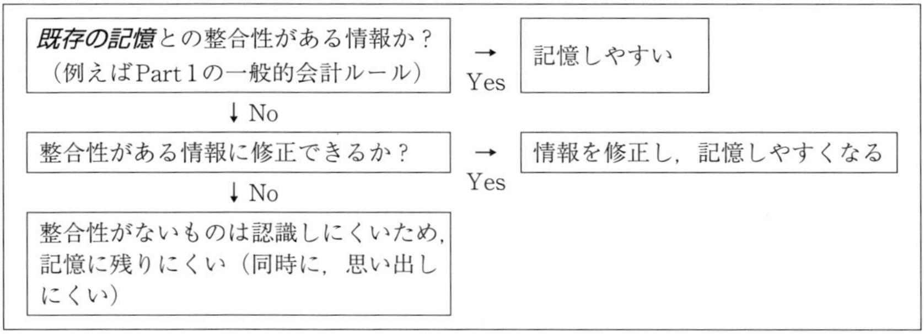

*既存の記憶*との整合性がある情報か？ （例えばPart 1の一般的会計ルール）	→ Yes	記憶しやすい

↓ No

整合性がある情報に修正できるか？	→ Yes	情報を修正し，記憶しやすくなる

↓ No

整合性がないものは認識しにくいため，記憶に残りにくい（同時に，思い出しにくい）

（著者作成）

　脳のこのような働きで問題があるとしたら，「自分が置かれた環境において，*既存の記憶*と整合性がある」ように修正した情報を，「事実」として記憶する可能性があるということだ。

望む方向へ修正される思い出

　脳が記憶の断片を扱う時には，納得できるように，無意識に，今まで無関係であった情報をつなぎ合わせることがあるという(9)。実際には経験していない，あるいは起きていない出来事を作り出し，記憶する場合があるというのだ。また，情報源を忘れ，あるいは間違い，自分の過去の経験や過去の「記憶」として，その時点から「記憶」に残すこともある。何かを願うあまり，本当にはなかったことを本物の「記憶」として，脳は無意識に記憶する場合もあるのである。

図2-4　経験した記憶と作られた「記憶」

時間の経過	記憶の修正
経験した時	a = A：自分が「認識した経験」に基づく記憶
↓	他から得た，自分にとって整合性のある情報： もしaにAという特徴があるならば，Bという特徴もあるはず
思い出した時	a = AかつB：無意識に修正された新たな「記憶」

（著者作成）

また思い出は，自分の願いに合わせて脳の中で，無意識に，思い出す度に，修正される可能性がある。例えば少し美しいと思った記憶は，思い出すたびに修正が加えられ，より美しかったものとして改めて記憶される。同じように，好ましくなかったことは，思い出すたびにより好ましくないはずのものへとして修正され，改めて記憶される可能性がある。

そして，ありえない「記憶」も，もしそれをあったと思いたいという思いが強ければ，「現実にそうであった思い出」として，脳が記憶することもある。この「記憶」に対しては，それが事実か，それとも自身が作り上げた「事実」なのか，本人には判断することが困難な場合がある(9)。

なぜ，共感する経験の記憶は思い出しにくいのか

なぜ，共感しない記憶は思い出しやすいのだろうか。整合性があると思われるもの，あるいは自身が望むものは，記憶に残りやすい。整合性を判断する際の基準となるものには，社会生活をしていく中で身に付けたもの，例えば「人様の面倒にならないように，まず自分の面倒は自分でみられるようになりなさい」なども含まれることになる。このルールを身に付ければ，人から怒られることが減る。それはつまり，自分にとっての利益の増加とも考えられる。このようにして，相手に共感するよりも，まずは自分の面倒をみることを優先させる，というルールが記憶に残りやすくなる。子どもはこのルールを学ぶときに，同時に「相手の気持ちを考えよう」などのルールも聞いているはずである。このような二つのルールのバランスは，なぜ学習するのが容易ではないのだろう。

社会で生活する中で，数字での評価，受け取る金額での評価など，自分が受け取る利益が数値で表現された場合には，理解が容易になる。一方，相手の心を推し量る能力は，目に見える形で示すことが難しい。

例えば共感したことの見返り，つまり自分の利益が相手からの感謝の笑顔だとする。この笑顔が自分に与える影響の大きさは，数値で視覚化できる利益を

29

Part 2 共感する思考を学習するには？

伴うルールと比較すると，脳に印象付けるのが難しいかもしれない。利益を視覚化することの難しさが，共感する頻度の減少に関係しているのではないだろうか。

　では，数値で見えるものに頼らず，自身の心の動きを察する能力を身に付けるためには，どうしたらいいのだろうか。

2章　経験を肯定できるものに
変えて記憶する

　脳内で行う作業には，意識して行うものと，無意識に行ってしまっているものの二種類がある。生命の危機に関する問題を，意識して判断していては間に合わないことがある。そのために脳は，経験による判断の自動化を行っている。それにより，意味を意識して判断を下す前に，本人の意向とは無関係に，普段の生活習慣を参考にして，無意識に判断する場合がでてくる。脳が自動的に判断した後で，判断結果の状況から脳が刺激を受け取り，その判断に関する一連の情報をグループとして記憶する。

　こうして本人は，脳が既に判断を下した結果を受け取り，それを機会があれば思い出すことになる。この様な経験を重ね，自分で意識しないで判断した結果を，無意識に自分の判断として受け入れていくようになる可能性がある。

　脳のこうした自動的作業の結果，相手の心の動きを察する能力は，誕生以後社会生活を送る中で，次第にあまり優先されないものになってきたのかもしれない。

　例えば泣いている人が気になった子供が，予定の時間に遅刻をし，叱られたとする。この状況から学ぶことは，人により違いがあるとは思うが，「他人を気にかける前に，自分の面倒をみる」というルールとして記憶する場合もでてくる。

　このルールは，経験から導かれたという意味では，間違ってはいないかもしれない。ただ，そのルールをどのような場面で適応するか，どれくらい厳しく適応するのかは，時と場合により，その人が判断することになる。ところが，人生ではそのような微妙な調節に関しては，あらゆる事態を事前に経験して学

Part 2　共感する思考を学習するには？

習しておくことはできない。突然，思わぬ状況で，自分が判断をする場面に遭遇する。そして，「自分にとって好ましい」，「自分にとって整合性がある」と感じられる判断基準を自動的に適応する。このような無意識の判断の積み重ねが，後々になって，自分の人生を後悔する要因になる可能性がある。

無意識に学習する脳に関して自分にできることは？

　では，無意識に学習する機能がある脳に関し，自分にできることはあるのだろうか。

　まず確実なことの一つは，整合性があると判断した情報を記憶する，という脳の機能をコントロールすることは難しい。そして，起こった事実や思い出を，より自分の望む方向に修正して記憶し，くり返し思い出すたびに記憶をさらに修正する，という機能を管理することも容易ではない。

　そこで，自分が脳に先回りして，意識的に行うことの可能な部分について考えたい。ここでは，経験を解釈する際に，その意味付けを脳の自動処理に任せる過程に注目する。

　普段の生活の中での脳は，経験に関する意味づけを，習慣を参考にして無意識，かつ短時間で行っている。つまり，これまで好ましかった，あるいは初めてだが好ましいと感じるものも，反対にこれまであまり好ましくなかった，あるいは初めてだが好ましくないと感じるものも，脳はそのままの解釈で，自動的に記憶する。

　ここで目的としていることは，「好む好まざるにかかわらず，自分はその経験を受け入れよう」と意識的に解釈できるようにすることである。それにより，今の自分にとり好ましくない経験も，何かを学ぶ機会ととらえ直し，これまでは記憶に残りにくかった情報も，記憶に残りやすくすることができる。

32

2章　経験を肯定できるものに変えて記憶する

　自分の心の動きに気付く，あるいは相手の心の動きを察する能力，かつては自分も持っていたと思われる能力を蘇らせるためには，どのような方法があるのだろうか。一つの方法として，小さな失敗を数多く体験する機会を作ることが考えられる。そこで次章では，「小学生にエンターテナーとして知識を紹介するショー」（以下では略してShowとする）をする場面を考えてみたい。

Part 2　共感する思考を学習するには？

3章　聞く技術の感度を向上させる ためには？
：エンターテナーとして小学生に Show をする

　エンターテイメントという，普段と異なる状況設定での経験なら，自分の失敗を深刻に受け止めず，学習の機会として，冷静に観察する余裕が持てる。また，Show の相手を自分とは年齢の離れた，例えば小学生と設定することにより，普段無意識に使用している日本語の単語が，相手にとっては意味の分からないものである可能性を考慮する必要がでてくる。それにより，言葉を発する際に，どの言葉を選ぶべきかを意識する必要がでてくる。更に，選んだ言葉を発した後で，相手がその言葉をどれくらい理解できたのか，あるいはその言葉に対してどのような感情を持ったのかを観察する機会を持つことができる。

図2-5　Showの形

誰が？	自分がエンターテナーとして演じる
誰に対して？	年齢が自分とは離れた相手　例：小学生
何をする？	エンターテイメントとして知識を紹介する

（著者作成）

　紹介する知識の内容としては，三種類が考えられる。

自分が感動したあるいは理解している内容

　まず一つ目は，自分が既に心を動かされた内容である。自身が経験した，自分はよく知っている，あるいは好意を持っている内容であれば，自分の心が肯

34

定的に動いた感覚がわかっている。その内容を相手の前で紹介し，自分と同じように心が動く体験を，相手にもしてもらうことを目的としている。

自分が不得意な内容

次に，自分が肯定的な感覚を持てない内容を扱う。自分が不得意，あるいは初めて出会う内容であれば，それを相手に紹介するためには，まずは自分が理解する必要が出てくる。理解する過程で，自分の心が最初はその知識に対して無関心あるいは肯定的でなかったのが，自分が内容を理解するに従い，次第に肯定的なものへと変化していく過程を経験することができる。

例えば自身が文科系を得意としているのであれば，物理現象，化学変化などの内容を扱うことになる。

では，理系の内容を紹介する際に，相手の関心をひくためには，どうしたらよいだろうか。直接目で見たり，手で触れたりして存在を確認することが難しい，例えば，「物質の中にある原子の動き」を，どうしたら小学生に関心を持ち，理解しようと思ってもらえるだろうか。

このような場合の解決策としては，実験がある。実験には二つの意味がある。一つ目は，相手の目の前で簡単な実験をすることにより，驚き，好奇心，学ぶ喜びを，小学生の中に生み出すことができるかもしれない点である。その好奇心を，手に取れない，しかし現象を生じさせている原理の紹介へとつなげることができれば，エンターテイメントという形をとりながら，こちらの思いを相手に伝える手段とすることができる。

実験するという行為のもう一つの意味は，エンターテナーが失敗を体験するということである。たとえ小学生相手の簡単な実験であっても，充分に準備したつもりでいても，期待通りには成功しないこともあるかもしれない。しかし，Showの中での実験に失敗したからといって，現実の人生にダメージを与える可能性は少ない。現実の人生では，失敗の後にも人生が続いていく。つまり，

Part 2　共感する思考を学習するには？

失敗を乗り越えながら生きていくことが，人間として生きることでもある。そこで，「失敗は乗り越えられる」という思考を実感するために，あるいは，「失敗を乗り越えるためには，どうしたらいいのか？」ということを考える機会を持つために，簡単な実験に挑戦することは，効果的かもしれない。

　Showの成功は，自分が経験した心の変化，つまり否定的感覚あるいは無関心から肯定的感覚への変化を，知識を紹介された相手が，実際に体験することができたか否かで判断できる。

　Showを進める間には，様々な場面で自分が否定されている感覚を体験するかもしれない。努力して準備したのに，相手はそれに対して感謝しくれない。準備したにもかかわらず，Showを予定通りに進められない。あるいは予想外のことが起こり，満足のいく対応ができない。あるいは，相手の表情を見ていると，自分の努力がことごとく否定されているように感じるかもしれない。その結果，自身の心が感じる否定的印象から，相手に問題があると感じるようになるかもしれない。しかし，どのような感情を感じたとしても，それを感じなかったこととして否定する必要はない。Showを学びの機会として解釈し，自分にとって意味のある経験と意味付けることに挑戦することが，Showの目的の一つだからである。

質疑応答の形式

　質疑応答の形でShowを進めるということは，相手の心が無関心あるいは否定的な状態から始めることになる。Showの形は，テーマしか知らない相手に質問をし，その答えを受けて進めていくというものである。話を先へ進めるためには，相手に答える意欲を持ち続けてもらう必要がある。無関心，あるいは否定的な心の相手に対して，どのように働きかける必要があるのかを模索する機会となる。

36

3章　聞く技術の感度を向上させるためには？

図2-6　「心の動きを観察する」経験

Showの形	Showの目的	
知っている，あるいは感動した内容	自分の肯定的な心の動きを相手に伝えて，相手の心を動かすには？	
知らない，あるいは不得意な内容	準備段階	自分の無関心あるいは否定的な心が，肯定的に変化した理由は？
	本　番	相手の無関心あるいは否定的な心を，肯定的に変えるためには？
質疑応答の形式	相手と質疑応答をする中で，相手の肯定的な心を継続させるには？	

（著者作成）

　一連のShowを通して観察したいことは，自分と相手の心の動きである。自身の心がどのようなことを契機として，無関心あるいは否定的から，肯定的へと変化するのかを知る体験により，思考とそれに伴う心の動きを，自分の中で認識し，コントロールできるようになることを目的としている。このような知識があれば，相手の心の状態を観察し，相手の心を肯定的な方向へ動かすために，適切な働きかけを，適切なタイミングで行うことができるようになるかもしれない。

聞き手の肯定的態度は本心？

　ここでさらに観察したいことは，相手の反応から，果たして相手の本心を正確に自分は認識しているのかということである。

　慣れないShowをしている時は，自分は不安，不快な感覚を持っている可能性がある。そのような時に，目の前の相手が示す態度の中から，「好意」を見つけなければならない。なぜなら，内容に対する相手の無関心あるいは否定的な心の動きを，自分に対する「攻撃」「敵意」として受け止めやすいからである。エンターテーナーとして演じているのであれば，相手からの「攻撃」「敵

37

Part 2 共感する思考を学習するには？

意」を「関心」「好意」へと変化させ，自分が提供するShowを楽しんでもら
う必要がある。

図2-7　本心と推測した「本心」

相手の本心	相手の行動から判断しがちな相手の「本心」
A　肯　定　的	(1)　「好　　意」
B　無　関　心	(2)　「好　　意」
	(3)　「敵　　意」
C　否　定　的	(4)　「敵　　意」

（著者作成）

　相手の行動の中には，どのような形で「好意」を読み取ることができるのだ
ろうか。

　図2-7A(1)の場合は，相手が好意を示すために，本心を態度に示している。
そのため，明らかに相手は好意を持っていると判断できる。このような状態か
らは，相手が積極的にShowに参加してくれる可能性を期待することができる。

　図2-7B(2)の場合は，相手は攻撃の意図や敵意は持っていないが，無関心ゆ
えに態度が否定的ではないことを，こちらが「好意的」と判断する場合である。

　無関心な相手に対して，「好意的」だと判断して接した場合に，相手の心は
どのように変化するだろうか。無関心であることに気付かずに「これくらいわ
かるでしょう。」「あなたが普通なら，こう思うはずでしょう。」という態度で
エンターテナーがShowを進めたのでは，相手は次第に否定的な感じを持つよ
うになるかもしれない。それは，なんとなく自分が大事にされていない，置き
去りにされた感覚である。すると最初は無関心であったものが，たとえ周りの
他の人が肯定的に変化していったとしても，それに反比例するかのように，次
第に否定的になっていく可能性が考えられる（図2-7B(3)）。つまり，相手の
行動が示す「好意」の裏にある，相手の本当の心の状態を正確に観察しなけれ
ば，こちらの行動により，例えば無関心であった相手（図2-7B）に，否定的
な感情を持たせ，さらには敵対的な行動をとらせるようにしてしまう可能性も

38

考えられるのである。

聞き手の否定的態度は本心？

　相手がこちらに対して否定的な行動をとったとする。そのとき，相手はこちらに対して否定的な気持ちを表現したいと思ってそのような行動をとるのだろうか。それとも，本心は別のことを思っているのだろうか。

　言葉で相手に本心を尋ねても，本心と異なる返答が返って来る可能性がある。またもし，相手が上手く言葉にできない内容こそが，相手が伝えたいことならば，どうしたらよいのだろうか。

　聞き手に質問をするエンターテナーは，正解を求めていないし，分からないと答えても気にしないかもしれない。ところが，答える立場からすると，正解を答えたい。あるいは，わからないと答えた時でさえも，エンターテナーには肯定的に受け止め，更には，励ましと感じるような対応を望むことがある。そこで質問をされると，攻撃もされず，否定もされない安全な解決策とし，黙って笑う方法を選択するかもしれない。

　この微笑みを，エンターテナーは正確に解釈しているだろうか。相手の微笑みの背後にあるのは，もしかすると「今は自分は相手に対して無関心，あるいは相手の言っていることがよくわからないが，理解できるようになりたいと願っている。」という心であり，こちらに助けの手を求めている可能性がある。

心に忍耐力が必要なエンターテナー

　「聞き手が肯定的になったら，こちらも肯定的に接してあげよう。」と，エンターテナーが条件付きで待っていたら，何が起こるのだろう。もしかすると，相手の無関心を否定的な心へと向かわせてしまう原因になるかもしれない。そこで，「あなたは，ここでは安全です。どのような答えをしても，攻撃はされ

39

Part 2 共感する思考を学習するには？

ません。もしも周りの人があなたに否定的な態度をとったら，必ず私があなたを守ります。そしてもし，わからなければ，助けます。ぜひ，安心して参加してください。」というメッセージを，エンターテナーは，相手の態度にかかわらず，発信し続けることが，将来相手の心が肯定的に変化する可能性を生むための一つの方法である。

　エンターテナーとしては，相手の笑顔を観察した結果，エンターテナーを肯定していると受け止める，あるいは，居心地が悪くて相手は助けを求めている，と受け止める場合もあるだろう。そして，エンターテナーの受け止め方により，エンターテナーの聞き手に対する対応には違いがでてくる。エンターテナーの対応により，聞き手の心は否定的にも，あるいは逆に肯定的な方向に変化する可能性も持っているのである。つまりエンターテナーの無意識の行動は，相手の心を否定的な方向へも，また反対に肯定的な方向へも変化させることができる影響力を持っているのである。

　エンターテイメントという状況を設定したことにより，状況の変化が予想できずに自分の心が不安になり，相手からの攻撃を妄想してしまいそうなときでも，エンターテナーであるからには，相手に楽しかったと思ってもらわなければ，役目を果たしたことにはならない。このようなShowを体験することは，心の忍耐力を鍛える機会にもつながる。

肯定的サインを受け取れるようになる

　相手がこちらを信頼しているときのボディーランゲージや，その際に用いる言葉の特徴を調べることはできるかもしれない。しかし，実際に今自分の目の前にいる相手が，こちらの話をどれだけ理解しているのか，あるいはこちらと話す事に快適さを感じているのかなどを，事前に集めた知識に照らし合わせて判断するのは難しい。人の話し方や表情，体形など，あらゆるところにあらゆる多様性があるため，ある一つの推論の道筋をたどったからといって，相手の

心の状態を正確に推測できるとは限らない。むしろ体験を通じて，「相手がこちらを肯定しているときの在り方」というジャンルの知識を，自分で集めることが，将来直面する様々な状況においても，応用が利く知識になると考えられる。

　自分がShowをするという状況設定であれば，エンターテナーを前にした相手に敵意や悪意がある可能性は少ない。そこで，自分が不安，あるいは自信がない状態でも，相手の在り方の中から，こちらに対する好意の可能性を意味するサインを見つけるためには，何を観察したらいいのかを，実体験から学ぶことができる。一見すると無関心，あるいは否定的傾向が強い相手の在り方の中にも，一瞬肯定的なサインが現れる可能性がある。それを見つけられるようになれば，Showを通して，相手の心の動きに気付き，肯定的になるように働きかけることが容易になる。

自分の心を観察する

　Showをする体験からは，達成感や成功した喜びを感じることは難しいかもしれない。ここではShowをするエンターテナーという役を通して，自分の苦しみから出発し，相手の心への共感に至る方法を見つけることを目的としている。相手の無関心を否定的に変化させてしまう過程に，自身の行動が100％関係しているという状況を体験することからも，学べるものがある。そして，無関心，あるいは否定的な相手の心が肯定的に変化し，関心，好意から来る本心からの笑顔が生まれる過程に，自分の行動が100％影響を及ぼしていることを経験することもできる。相手の笑顔により「自分のことを肯定する気持ち」が自分の中に生まれてくることを実感できる機会となればと思う。

Part 2　共感する思考を学習するには？

4章　本心と主張との関係は？
：ディベート

　自分と相手は意見が対立している。しかし，相手の個人的感情は，こちらに対して否定的とは限らない。ディベートが行われる状況には，このような特徴がある。

　簡略化したディベートは，次のような手順で進めることができる。

図2-8　ディベートの進め方

	前半（論点の提出）	
	肯定派	否定派
3分	立論	
3分		質疑応答
3分		立論
3分	質疑応答	
5分　会議	後半	
3分		反論
3分	反論	
5分　会議		
3分	まとめ	
3分		まとめ
終了		

（著者作成）

42

4章　本心と主張との関係は？：ディベート

テーマを決める

　まず具体的にディベートのテーマを，○○対××という形で決める。それぞれの立場から，主張の正しさを示す，あるいは重要度を示す論点を考える。次に，双方の論点を比較し，どちらの主張にも納得できる点があるかどうを確認する。もし，どちらかの立場が圧倒的に有利に思えるなら，そのテーマはディベートにふさわしくない。

図2-9　ディベートのテーマ例

公共の場は分煙にするべきか 対 全面禁煙にすべきか
対立内容：嗜好品としての煙草を吸う自分の権利　対　他人が健康に生活する権利
論　　点：嗜好品を禁止された場合の自分の弊害：ストレスがたまる
健康を害された場合の他人の弊害　　：病気あるいは死

（著者作成）

論点を考える

　図2-9の様な論点を同列に並べて比較することに，どのような意味があるのかを考えることも，ディベートによる思考トレーニングの目的の一つである。
　ディベートのテーマを考えることにより，どのような思考を体験するのかをまとめたものが図2-10である。

43

Part 2 共感する思考を学習するには？

図2-10 自分に対してクリティカルになるための方法論を知る

Public speaking：聴衆の心をつかむこと 話す人と聞き手の信頼関係があると心が動く Ethosエトス（話し手の）人柄 ＋ logos知的 ＋ pathos情的
論題　proposition 3つの型　　　　　　　　　　　　　　　　：文の形で区別できる 　1）**事実論題**　現実に起こったかどうか　　　　　：**あったかなかったか** 　　　　　　　　裁判で扱う 　　　　　　　例　歴史的事件○○はあったのか 　2）**価値論題**　好きか嫌いか　　　　　　　　　：**成功か失敗か，好きか嫌い** 　　　　　　　例　犬がかわいいか猫がかわいいか 　　　　　　　　　対○○戦争は成功だったか 　　　　　　　　　　判断基準により，失敗にもなる 　3）**政策論題**　現実には起こっていない　　　　　：**すべきかすべきではない** 　　　　　　　例　政策を導入すべきかすべきではないか
よい論題　　：世論が二つに分かれている 　　　　　　　曲線の山が左右にある

（著者作成）

　ディベートの論拠を簡略化したものが，図2-11である。

44

4章　本心と主張との関係は？：ディベート

図2-11　論拠　ワラント

（著者作成）

議論の三角形は，図2-12のように考えることもできる。

図2-12　議論の三角形

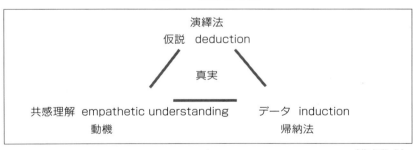

（著者作成）

　ディベートという非日常の中で，相手との対立を経験し，その後また以前のような関係に戻る。このような一連の流れを経験することにより，相手のこち

45

Part 2 共感する思考を学習するには？

らに対する感情と，相手の主張との間にある関係を再認識する機会を持つことになる。

相手がこちらに対して以前から否定的だったがゆえに，こちらと対立するような主張を持つに至った場合もあるかもしれない。

あるいは，否定的な主張をする背景には，相手が相手自身を守るために仕方なく行っているという事情があるのかもしれない。その場合，相手の置かれた状況が現在と異なれば，もしかしたら，相手との意見の対立は弱まるかもしれない。このような可能性を考慮し，相手の置かれた状況を変化させるために，自分にできることはあるのかを考える。このような思考の広がりを経験できるのが，ディベートである。

そして，実際に相手の置かれた状況と，自分の置かれた状況とを考え，合意するために譲りあい，互いに状況を変える方法を考える行為が，交渉へとつながる。

ディベートの勝者の主張は正しいのか？

ディベートで勝ったとしても，その主張の正しさが保証されているわけではない。強く感情移入していた。あるいは，発言する時間的・経済的・肉体的余裕がある。もしくは多数派であるなど，ディベートで勝つ理由は様々である。

では声を発することが容易でない状況に置かれた人々は，どうすれば良いのだろうか。それを体験するためには，自分と反対の立場でディベートに参加することも一つの方法である。

5章　共感が行動に現れる？
：商品開発ゲーム

　心の動きを観察する体験の集大成として，商品開発ゲームが考えられる。新商品のバイヤーを前にして，商品のプレゼンテーションを行うという状況を設定する。

　そのためには，まず商品のアイディアをまとめる必要がある。現在人々が必要としていて，かつまだ存在していない商品を考えることになる。これは，購入者の立場に立ち，購入者が抱えている問題を一緒に考えることでもある。購入者が置かれた状況から，購入者の心を想像することが求められる。

　次に，まだ誰も販売していないアディアの商品を持っている場合，それを誰かに買ってもらうためには，関心を持ってもらう必要がある。

　もしその人がすでにその分野の商品に関心があり，販売されるのを待っていたのなら，買ってもらえるかもしれない。

　一方関心がない場合には，これまで存在しなかったこの商品が，いかにその人にとって有益なのかを感じてもらう必要がある。そのためには，相手が理解できることは何なのかに気付く，あるいは相手が関心を持てるものは何かを探す必要がある。相手に関心を持ってもらい，しかも未知のものを理解する意欲を持ってもらうためには，相手の心の動きにこちらが関心を持ち，随時働きかけることが求められる。

Part 2　共感する思考を学習するには？

図2-13　Showの集大成としての商品開発ゲーム

スケジュール

第1回　改良する商品の決定とチーム分け

　1）チームに共通する既存の商品を一つ決定する

　　　　例　テーマ「既存の商品〇〇を改良しよう」

　　　　　　現実の商品から出発し，こんなものがあったらいいなという視点
　　　で発想する

　　　　①　全員が一つ以上のアイディを出す

　　　　　　例　XXができる〇〇

　　　　　　　　見た目が　◆◆の〇〇

　　　　　　　　▽▽しない〇〇

　　　　②　出てきたアイディアを参考にして，更に発展させたアイディア
　　　　や新しいアイディアを出す

　　　　③　多数決で一つに絞る

　2）全体をチームに分け

　　　　学習要素：思索，ブレーンストーミング

第2回　文書で商品コンセプト，デザインを作製する

　1）チーム別に商品開発をする

　　　　学習要素：ブレーンストーミング，ディベート

　2）バイヤー向け　アピール方法を考える

　　　　例　前でSHOWをする，CMの作成

　　　　　　学習要素：SHOW

第3回

　1）他のメンバーをバイヤーと考えて商品を売り込む

　　　　学習要素：SHOW，交渉

　2）判定（個人の投票による）

（著者作成）

48

6章　思索を通して心の動き を観察する

　様々なテーマに関して思考することにより，どのような思考に対して自分は否定的な感情を持つのか，あるいは自分は何を大切にしたいと感じているのかを観察することができる。ここでの思索は，自由で安全な行為であり，どのような判断基準を用いても，自分の生活に直接的な影響はない。もし変化があるとすれば，自由に考えた結論に対して，自分の心がどのように感じるのかを知り，それが記憶に残ることである。

6-1　思索テーマ：この世は天国か地獄か？

　自分の直面している状況は中立であり，意味づけは自分が行っている。

　自分の感情がコントロールできる状態であれば，天国と感じる。

　一方，自分の感情をコントロールできない状態であれば，地獄と感じる。

　同じ状況を経験し，どちらに感じるのかは，その人が決めることができる。

6-2　思索テーマ：便利はいいことか？

　便利になり，手に入るものもある。今までできなかったことが，容易にできるようになることもある。

　同時に，自分の能力の一部が弱くなる可能性がある。例えば，具体的な作業が下手になることもある。それは訓練すれば，以前のようにできるようになる可能性が残されている。

　では，自分にとり不便で都合の悪い状況をあまり経験しないで生活してきた場合，どう反応するのだろうか。

　不便な生活を経験していれば，目の前の多少の都合の悪さに耐えられるかも

Part 2　共感する思考を学習するには？

しれない。多様な経験を参考にして解決策を考案し，問題を解決できるかもしれない。不都合な経験の積み重ねは，多少の不都合には耐えられる心を鍛えてくれるかもしれない。

6-3　思索テーマ：自分はラッキーかアンラッキーか？

この世に生まれるということは，本人の意志（思いや考えに感情や勢いが伴っている）や努力だけでできることではない。生まれてから生き残ることも，本人の努力だけではどうにもならない部分がある。

今日のこの時まで，生き残ってきたことは，ラッキーなことが偶然重なった結果とも考えられる。

このラッキーな人生を，何をするために使いたいか。これは，本人の意思（思いや考え）で，方向性を選べる。

6-4　思索テーマ：賃金以外の働く喜びとは？

人から見たら「大変なこと」と思える仕事をする人がいる。働く喜びが賃金以外にもあるとしたら，それはどんなものだろうか。

自身の働きに対する，相手から与えられる「ありがとう」という，数値化できず，形にもならないものが，働くためのエネルギーとなることもある。

この他にも「お金で買えないものとは何か？」「生きていると死んでいるとの違いは何か？」「希望があるとはどのような状況か？」など興味深い思索テーマもある。

6章　思索を通して心の動きを観察する

他にも思索のテーマとしては，以下の様なものがある。

図2-14　意思決定に関する思索のテーマ

1	想像力があるからできることとは？
2	適正価格を決定する際に考慮すべきこととは？
3	意思決定をするのに十分な情報とは？
4	人生において，学ぶと人はどうなる？
5	「ヒポクラテスの誓い」は意思決定に応用できるか？

図2-15　交渉に関する思索のテーマ

1	交渉において説得力のある人とはどんな人か？
2	映画「ノーマンズ・ランド」：その後の世界は？
3	交渉において他人は敵か？
4	交渉において相手を認める時に最も大切なことは何か？
5	上司から見てよい商品を開発できる部下とは？
6	映画「すばらしき哉，人生」：主人公の判断基準は？
7	交渉において怒りをどのように扱う？
8	映画「青い鳥」：自分は相手にとってどんな人間でありたいか？

51

Part 3

共感があまり影響しない意思決定
：単独での思考を扱う経営学的手法

1章　意思決定と情報

思考のプロセス

　意思決定（decision making）の手法には，主に2つのアプローチがある。一つは規範的方法（normative）あるいは処方的（prescriptive）接近（approach）であり，ここでは規範的と処方的を同義語として使用する。もう一つは記述的（descriptive）あるいは実証的（positive）接近（approach）であり，ここでは記述的と実証的を同義語として使用する。

　規範的アプローチとは，この問題の最適意思決定はこれである，あるいはこの戦略を最適戦略として選択すべきであることを指示する理論である。これに対し，実際にこのように決定が行われていると記述するのが，記述的アプローチである。規範的アプローチでは，現状を認識するつまり，この状況ではこのように行動（behavior）すると記述することを目的としている。従って，価値判断を下すものではない。また効率（efficiency）は有効性（effectiveness）につながらない場合もある。

　まずはじめに，思考のプロセスについて考えてみたい。意思決定集団においてリーダーは，記述的計算者ではなく，問題発見者でなくてはならず，そのためにコンセプトの把握が重要になる。自然科学における実験に相当し，規範的方法を用いることができる事例では，問題が発見されたら，問題は半分は解決されたともいえる。

Part 3　共感があまり影響しない意思決定：単独での思考を扱う経営学的手法

図1-1　意思決定過程

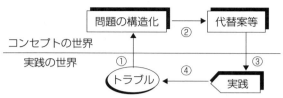

（出典：「意思決定科学」p.2 図1-1）

①　情報活動（Intelligence Activity）

　問題を構造化するための情報，information（雑多な情報）とは異なる。
　Intelligence（知性）とは，激変する環境に挑戦する能力のこと。
　コンセプト（concept）とは，物事の本質である。人，物，資金，および情報を投入（input）し，それを処理（process）して結果（output）を出す。この結果がコンセプトに適合していればよく，適合していなければ，インプットあるいはプロセスを調整する。このプロセスがシステム分析（System analysis）である。conは「しっかりと」，ceptは「把握する」であり，conceptionと同義語である。conceptionには受胎・妊娠の他に，着想・構想力の意味がある。情報活動により，問題を構造化，モデル化する。

図1-2　システム分析

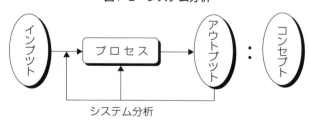

（出典：「意思決定科学」p.5 図1-2）

② 設計活動（Design Activity）

構造化された問題に対する解決策は何かを列挙する。ただし，人間は能力が有限であり，解決案全体を列挙することはできない。これをサイモン（Simon, H. A.）は有限合理性（Bounded rationality）とよんだ。

③ 選択活動（Choice Activity）

選択を行うとき，その背景には意思決定基準（decision criterion）がある。サイモンは満足基準（Satisficing criterion）を提示している。これに対し，利益あるいは便益極大基準，あるいは費用あるいは損失極小基準がある。

あらゆる解決案のなかから最善のものを選択すべきというのが，この基準である。これを最適性基準（Optimality criterion）という。

図1-3　最　適　性

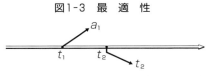

（出典：「意志決定科学」p.7 図1-3）

この最適性という考え方は事前概念である。事前（ex-ante）の考え方とは次のことである。時点t_1でa_1を最適な行動としての選択をした。しかし，その結果はよくなかった。それでも，a_1の選択は最適選択という。次に，a_1の失敗情報も入れて，t_2時点でa_2を最適行動として選択した。結果はよくなかった。それでもa_2の選択は最適選択なのである。このように，事前概念として最適性を考える。

④ 検討活動（Review Activity）

事前概念としての最適性に立って選択した解決行動案が実施されても，問題が解決したかどうかは不明。これを検証するのが検討活動である。もし，十分満足する結果が得られなければ，再度，情報活動が開始されなければならない。

Part 3 共感があまり影響しない意思決定：単独での思考を扱う経営学的手法

　意思決定問題は，情報との関連で次の四つに分類される。

① 確実性下の意思決定問題

② リスク化の意思決定問題

③ 不確実性下の意思決定問題

④ 対立下の意思決定問題

　この並べ方は①から④に行くにつれて，情報量が少ない状況での意思決定である。

① 確実性下（under certainty）の意思決定問題

　これは，ある決定の結果が一つに確定する状況の決定問題である。例えば，値段と販売量の間に次の関係があると考えられている。

表1－1　決定表（decision table）

価　　格	10	20	25	40	50	単　位 100万円
販売数量	200	120	100	60	40	台　数

（出典：「意思決定科学」p.9 表1-1）

　このような状況で，売り上げを最大にするには値段をいくらにしたらよいだろうか。

　この答えは，価格×販売数量を算出して，その最大になる値段にすればよい。本例では，

　　25百万円×100台＝2,500百万円＝25億円

が最大である。したがって，値段を2千5百万円にするのがよい。

② リスク下（under risk）の意思決定問題

　ある決定に結果が複数個予想され，どれが生じるか不明である。ただ，そのうちどれが生じるかの確率の分かっている状況での意思決定問題が，リスク下の意思決定問題である。表1-2の縦軸は，市場の状態のことであり，自分ではコントロールできない状態（State）である。当社にとってS_1（不利）な状態，

58

S_2（まあまあ）の状態，S_3（有利）な状態が考えられる。その可能性（＝確率）がそれぞれ30％，60％，10％と考えられる。決定変数の値段の決め方に応じての予想販売量が表示されている。

表1-2　リスク下

価　格		10	20	25	40	50	確率
市場の状態	S_1	150	90	80	40	30	30％
	S_2	200	120	100	60	40	60％
	S_3	220	130	120	70	50	10％

（出典：「意思決定科学」p.10 表1-3）

このような状況で値段をどのようにしたらよいのか。

確率という考え方が必要な場合には，決定変数価格のもたらす利益の期待値E（・）（expected value）を次に計算する。

$E(10) = \{0.3 \times 150 + 0.6 \times 200 + 0.1 \times 220\} \times 10$百万円$= 18.7$億円

$E(20) = \{0.3 \times 90 + 0.6 \times 120 + 0.1 \times 130) \times 20$百万円$= 22.4$億円

$E(25) = \{0.3 \times 80 + 0.6 \times 100 + 0.1 \times 120\} \times 25$百万円$= 24.0$億円

$E(40) = \{0.3 \times 40 + 0.6 \times 60 + 0.1 \times 70\} \times 40$百万円$= 22.0$億円

$E(50) = \{0.3 \times 30 + 0.6 \times 40 + 0.1 \times 50\} \times 50$百万円$= 19.0$億円

期待値意思決定基準に立つとき，最適価格は25百万円である。

③　不確実性下（under uncertainty）の意思決定問題

不確実性下の意思決定問題は，リスク下の意思決定問題よりもさらに情報が少ない。すなわち，確率が分かっていない状態での決断である。

表1-3　不確実性下の利得表　　（単位　億円）

行動＼状態	不　利	並　み	有　利
a_1	-30	10	20
a_2	-5	5	10

（出典：「意思決定科学」p.12 表1-5）

59

Part 3　共感があまり影響しない意思決定：単独での思考を扱う経営学的手法

　取りうる行動は二つ，a_1とa_2があるとする。リスクの場合と同様，結果の発生が不確定である。しかも，リスクの場合と異なり，その結果の発生確率は見当がつかない。例えば行動a_1を選択したとする。その結果は不利な状態になるのか，並みか，有利な状態になるのかわからない。例えば不利な時はマイナス30億円である。この状況で，どの行動を選択すべきか。

　意思決定をするとき，その背後に必ず（意識する，しないに限らず）意思決定基準がある。ここでは不確実性下の意思決定基準の代表的な基準を取り上げる。

　　・　最大最小基準（Maximin criterion）
　　・　最大最大基準（Maximax criterion）

・最大最小基準

　この決定基準は，可能な限り大損害を回避しようとする決定基準である。利得表（表1-3）では，行動a_1を選択したときの最悪事態は不利な状態が生じて−30億円となる。これは利益最小の場合であり，30億円の損失である。行動a_2を選択したときの最悪事態は−5億円すなわち5億円の損失である。30億円の損失と5億円の損失を利益の側から見ると5億円の損失の方がまだよい。すなわち，−30億円の利益と−5億円の利益ならば，−5億円の利益が最大である。

　したがって，最大最小基準に立ったとき，行動a_2が選択されるべきである。この基準は徹底的に危険を回避する立場である。この基準の発見者にちなんでワルド（Wald, A.）の決定基準ともいう。またこの考え方は悲観主義ともいわれる。

・最大最大基準

　最大最大基準は，発見者の名前をとってフルビッツ（Hurwicz, L.）基準ともいう。この基準の性格から楽観基準ともいう。利得表（表1-3）では次のように見る。行動a_1をとったときの最有利の状況（最大の結果）をみる。これは20億円である。この基準では，行動a_1のときに生じるのは最有利の結果の

1章　意思決定と情報

20億円だと考える。次に行動a_2をとったときの最有利の状況（最大の）結果は10億円である。a_1の20億円とa_2の10億円を比較する。20億円と10億円の中の最大の結果は20億円である。この20億円の結果をもたらすのは行動a_1である。したがって最大最大基準に立つときは，行動a_1が選択されることになる。

　複数個ある決定基準のなかから，どれを選択するかは意思決定者自身の決断による以外ない。科学の名において，どれがよいとはいえないのである。このことを，社会経済学者ウェーバー（Weber, M.）は科学からの価値判断排除といった。科学の名において，価値判断はできないというのである。

④　対立下（under conflict）の意思決定問題
　二者以上での意思決定では，意見が対立することがある。この問題を扱う手法が交渉である。本書では，Part 4で紹介する。

61

Part 3　共感があまり影響しない意思決定：単独での思考を扱う経営学的手法

2章　決 定 分 析

　決定分析の手法には，①ディシジョン・ツリーを用いる方法と②効用を用いる方法がある。

2-1　最適戦略を選択する手法：ディシジョン・ツリー

　ディシジョン・ツリーは，問題をツリー状に図解することにより，最適戦略を選択する手法である。英語ではdecision tree diagram, decision tree, あるいはdecision diagramといわれており，日本語では決定の木（あるいは樹）といわれている。ここではディシジョン・ツリーとしておく。
　ディシジョン・ツリーを書くにあたり，誰の意思決定かを明らかにしておく必要がある。一つのディシジョン・ツリーには，意思決定者は一人である。一般的には図のようになっている。

図2-1　ディシジョン・ツリー

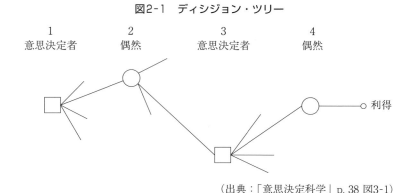

（出典：「意思決定科学」p. 38 図3-1）

　今，次のような問題を考える。お祭りの会場設定についてである。できるこ

となら,屋外に会場を設定したい。その方が催し物も多種多様あり,室内にとじこもりがちな日常なので,なんとか屋外でと主催者側は考えている。しかし,主催者側の思うにまかせないことがある。それは天候である。せっかく屋外会場を設営しても当日雨では惨たんたるものとなってしまう。それならば屋内に用意した方がよほどよい。しかし,屋内に用意したが天気が快晴だったら,「ああ屋外にすればよかった」ということになるだろう。

この状況を利得表に表現すれば表2-1となる(もちろん,この利得表は行動および状態の種類を簡単にしている。ここでは理論の進め方に注意したい)。

表2-1 会 場 設 営

行動＼状態	快　晴	雨　天
屋外会場設営	大変結構	大失敗
屋内会場設営	まあまあだが後悔の念が残る	まあまあだがこうしてよかったと思う

(出典:「意思決定科学」p.39 表3-1)

この利得表を,ディシジョン・ツリーで表すと図2-2のようになる。ディシジョン・ツリーの基本的要素は行動分岐点 (decision node),事象分岐点 (chance node),分岐と,最終状態である。

図2-2 会場設営のディシジョン・ツリー

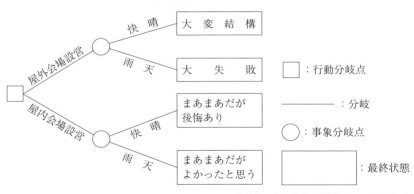

(出典:「意思決定科学」p.40 図3-2)

Part 3　共感があまり影響しない意思決定：単独での思考を扱う経営学的手法

① ディシジョン・ツリーを描くには，まず第一番目に問題の当事者，すなわち意思決定者を明確にする。

② 最左端がディシジョン・ツリーの原点であり，この最左端には必ず行動分岐点がくる。

③ 原点に後続する分岐点は，行動分岐点か事象分岐点である。その後も適宜，行動あるいは事象の分岐点が続く。

④ ディシジョン・ツリーはツリーであり，ループをその中に含まない。

⑤ 行動分岐点および事象分岐点からでる分岐は利得表の場合と同様，次の分岐列挙のルールを満たすようにする。

　　ルールa：考えられる分岐はすべてをつくすようにする

　　ルールb：考えられる分岐は互いに排反でなければならない。

　　ルールaから知れるように，最適戦略はディシジョン・ツリーに描かれているはずである。またルールaから，行動分岐点ならば，それから出ている分岐のどれか一つが必ず選択されなければならないし，事象分岐点ならば，それから出ている分岐の事象のどれか一つが必ず生起する。

　　ルールbは複数個の行動が同時にとられることのないように，あるいは複数個の事象が同時に生起することのないようにすることを求めている。

⑥ 原点から最終状態までの間の行動の系列を戦略という。戦略のもたらす最終状態における価値を終価という。最終状態は評価時点における状態である。

⑦ 終価は何によって計測されるか？図2-2のような心理的側面でも計測可能である。経済的側面では，キャッシュ・フロー（cash flow）を中心に考える。分岐上を流れるキャッシュ・フローを部分的キャッシュ・フローといい，支出は負のキャッシュ・フローとしてとらえる。最終状態までの部分的キャッシュ・フローの代数和が全キャッシュ・フローである。それが原点の当座資産と加算されて最終的な当座資産の状態が得られる。これが終価である（当座資産とは容易に現金化できる資産をさす）。

⑧ 終価の評価単価は貨幣単位による場合もあるが，理論的には効用単位によってなされなければならない。

図2-3 最適戦略

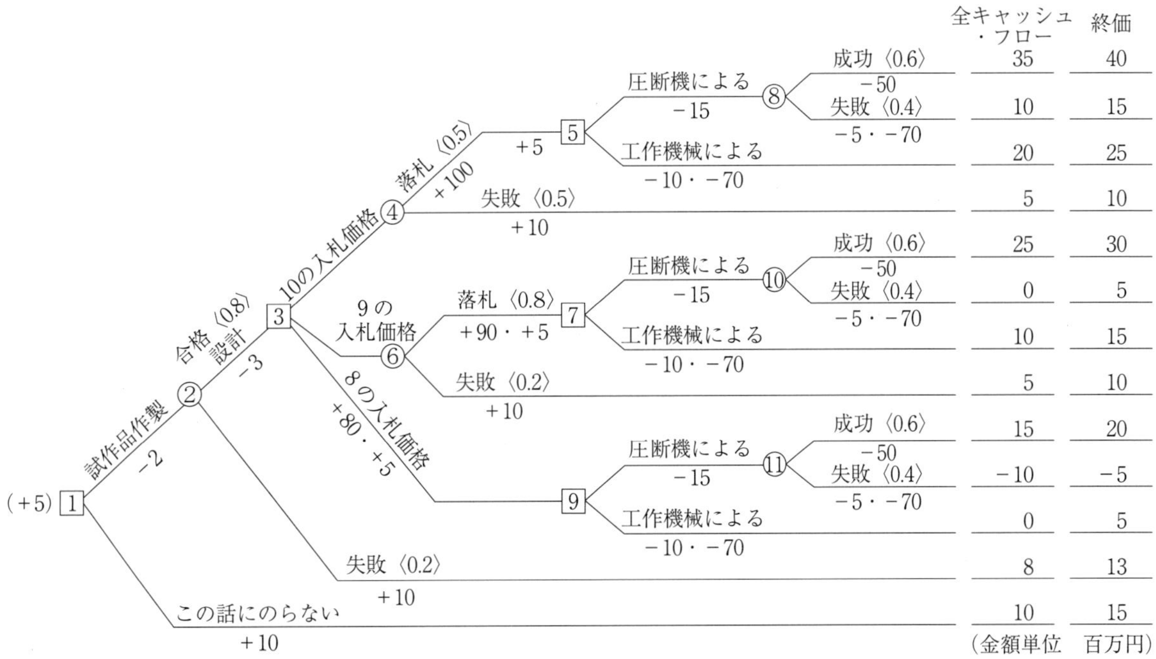
全キャッシュ・フロー
終価
(+5)
1
試作品作製
−2
2
合格〈0.8〉
設計
−3
3
10の入札価格
4
落札〈0.5〉
+100
5
+5
圧断機による
−15
8
成功〈0.6〉
−50
失敗〈0.4〉
−5・−70
工作機械による
−10・−70
失敗〈0.5〉
+10
9の入札価格
6
落札〈0.8〉
+90・+5
7
圧断機による
−15
10
成功〈0.6〉
−50
失敗〈0.4〉
−5・−70
工作機械による
−10・−70
失敗〈0.2〉
+10
8の入札価格
+80・+5
9
圧断機による
−15
11
成功〈0.6〉
−50
失敗〈0.4〉
−5・−70
工作機械による
−10・−70
失敗〈0.2〉
+10
この話にのらない
+10
35 40
10 15
20 25
5 10
25 30
0 5
10 15
5 10
15 20
−10 −5
0 5
8 13
10 15
(金額単位 百万円)

〈 p 〉: 確率 p を示す。

(c): 原点の左の(c)は当座資産額 c を示す。

(出典:「意思決定科学」p. 44 図3-4)

Part 3　共感があまり影響しない意思決定：単独での思考を扱う経営学的手法

ディシジョン・ツリーの事例1：最適戦略

　村上機械製造㈱の三浦販売部長は，村上社長に次のような入札があることを伝えた。

　藤本インキ㈱では，特殊印刷機を10台購入しようとしている。この機器は特殊な性能を必要としている。藤本インキではなるべく優れた性能の機器を入れたいと思っているが，一応の性能基準を満たしていれば入札してよいとのことである。したがって，入札に参加するにはその基準に達している必要がある。納期は4カ月後の12月15日であり，代金支払いは12月20日の現金払いという。

　この件に関して，社長は関係担当部長に意見を求めた。彼らの意見を要約すると次のようなものであった。

研究開発部長の意見：この機器のある一つの機能が十分性能を発揮できれば藤本インキの基準を十分満たすことができる。そのためには当社の技術水準で製作可能かどうか，その部分の試作品を作り，性能テストをしてみる必要がある。その試作品の製作およびテストに2百万円はかかる。そして合格品製作の可能性は8割はあると思う。合格品ができれば当該機器の設計図を完成させる。これには3百万円は確実にかかる。

製造部長の意見：この製造には二方法がある。一つは工作機械による方法であり，段取費は10百万円かかり，直接製造単価は7百万円である。もう一方の方法は圧断機械を利用してする方法である。この段取費は15百万円かかるが，製造単価は5百万円で製造可能である。しかし，この圧断機による方法は不安定であり，失敗の可能性がある。せっかく段取りしてみて，いざ製造開始してみてもうまくゆかないということになりかねないのである。その失敗の可能性が40％と見積もられる。もし，この圧断機による方法が失敗しても，追加投資を五百万円投下すれば，工作機械に切換えて製造可能である。このときは，前述の工作機械の段取費は必要ない。また，この切換え生産の時間的余裕は十分ある。

66

財務部長の意見：この大型プロジェクトをこなすには，別の仕事を半減しなければならない。その仕事は10百万円の利益が期待できるものである。しかし，藤本インキ㈱の仕事は支払条件からいって非常に魅力的である。現在の当座資産は5百万円（相当額）である。

販売部長の意見：入札価格は大別して三つの価格が考えられる。一つは1台当り1千万円である。全体では1千万円×10台＝1億円の入札価額である。競争相手の技術水準や参加の熱意からみて，この価格での落札の可能性はなんともいえない。第二は1台当り9百万円すなわち全体では9千万円である。この落札の可能性は80％である。三番目は1台当り8百万円すなわち全体で8千万円である。この場合は，ほとんど確実に落札可能であるという。

なお，この仕事がとれなかった場合は，財務部長のいっていた1千万円の利益になる仕事を行うことは可能である。

以上の情報によって，社長としてはどのように決断を下したらよいだろうか？なお，情報はすべて客観性のあるものとする。

この問題の解決には，まず，部分システムの試作品を作るか否かを検討する必要がある。試作品を検討するについて図示すると図2-4となる。

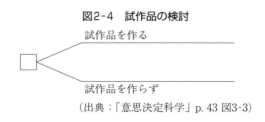

図2-4　試作品の検討

（出典：「意思決定科学」p. 43 図3-3）

試作品の製作の結果は，合格品製作に成功するか（その確率80％），失敗するか（その確率20％）のいずれかである。試作品を作らずに入札に参加することはないと仮定する。

試作品を作らず入札の話にのらない場合は，財務部長のいっていた1千万円

Part 3　共感があまり影響しない意思決定：単独での思考を扱う経営学的手法

の仕事をする。これは分岐の一つとなる。

　試作品が合格すれば，入札価格は単価1千万円，9百万円，8百万円の三通りがある。8百万円の場合は落札確実とみてよい。前二者にはそれぞれ0.5と0.8の落札確率が見積もられている。落札に成功すれば，製造には二方法があり，圧断機による場合は確率40%で5百万円の追加投資で工作機械による方法に切換えなければならない場合がある。このときは圧断方法失敗と工作機械への切換えは一本の分岐で表現される。失敗後の行動は工作機械による以外に方法はないのだから，分岐点にはならない。また，試作品製作段階および落札段階で失敗しても，1千万円利益が期待される仕事にかかることは可能である。これらを図示すれば図2-3になる。

後退推論法（back word induction）

　最適戦略選択には後退推論法がある。この方法を説明するには確実性同値の概念が必要である。これを説明するには効用概念が必要なので，詳細は後述することにして，ここでは数学的期待金額が確実性同値に等しい場合だけを考えてみる。

　後退推論法は最終状態から原点に向かって推論しながら，より優れた戦略を選択していく方法である。その戦略の比較に際し，事象分岐点の状態価値は確実性同値あるいは期待効用をもって評価する。図2-3のディシジョン・ツリーで，事象分岐点⑧の状態価値は次のように算出される。

　　　　　⑧の状態価値＝圧断機による方法の成功の確率×その終価

　　　　　　　　　　　＋圧断機による方法の失敗の確率×その終価

　　　　　　　　　　＝0.6×40百万円＋0.4×15百万円＝30百万円

したがって，行動分岐点⑤を後続する分岐は図2-5のように考える。

68

図2-5 ⑤の分岐

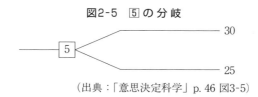

(出典:「意思決定科学」p.46 図3-5)

　本来，30百万円の分岐は30百万円そのものの金額は与えないで，6割の可能性で40百万円，4割の可能性で15百万円を与えるのである。しかし，これを評価して30百万円が確実に入手されるに相当する（すなわち，確実性同値30百万円）とみるのである。そして，⑤から出る分岐は工作機械による方法（25百万円を与える方）は剪定される。これを図2-6のように表現する。したがって，⑤の状態価値は30百万円となる。

図2-6 ⑤の分岐剪定

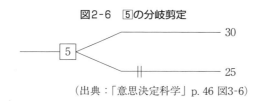

(出典:「意思決定科学」p.46 図3-6)

事象分岐点④の状態価値は次となる。

　　④の状態価値＝0.5×⑤の状態価値＋0.5落札失敗の最終状態価値
　　　　　　　　＝0.5×30百万円＋0.5×10百万円＝20百万円

　行動分岐点③の状態価値を求めるには，事象分岐点④と⑥と行動分岐点⑨の状態価値により，事象分岐点④を求めたのと同様に求める。③の状態価値が出たら，それと試作品失敗のときの最終状態の終価とによって事象分岐点②の状態価値が算出される。②の状態価値と「この話にのらない」ときの終価との比較によって，最適戦略が選択される。
　以上の状態価値と剪定および最適戦略を示せば図2-7である。すなわち，ここに選択された最適戦略は次のようになる。

69

Part 3　共感があまり影響しない意思決定：単独での思考を扱う経営学的手法

図2-7　剪定と最適戦略

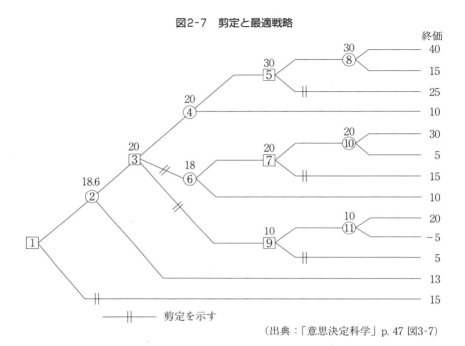

（出典：「意思決定科学」p. 47 図3-7）

ディシジョン・ツリーの事例2：情報の価値（value of information）

　あなたはマーケティング・マネージャーである。広告キャンペーンを企画している。キャンペーンの方法は二つある。一つをa_1，もう一つをa_2としよう。このキャンペーンの成果は市場の状態にも影響される。市場の状態には二つの状態が予想される。これをs_1とs_2とする。現在の状態が何であるかは確率的にしか知られていない。sjの生起の事前確率を$P'(sj)$とする。いま，$P'(sj)$が，

$$P'(s_1) = 0.7, \quad P'(s_2) = 0.3$$

であるという。この決定問題の利得表は表2-2に示されている。

2章 決定分析

表2-2 利得表（payoff table）（単位 万円）

状態 / 行動	s_1	s_2
a_1	5,000	1,000
a_2	3,500	2,000
事前確率	0.7	0.8

（出典：「意思決定科学」p.54 表3-2）

なお，市場調査機関から，現在の状態が何であるのか「確実な」情報を入手することが可能である。その入手のためには200万円の費用がかかる。この情報は，それだけの価値はあるだろうか。

ベイズ戦略（Bayesian Strategy）

情報はその信頼度によって，完全情報（perfect information）と不完全情報（imperfect information）に二分される。ここではこれらの情報の経済性を考える。なお，不完全情報をここでは標本情報ともいう。この事例で利用可能な情報は信頼度100％で，決して誤りのない情報である。このような情報を完全情報という。この事例の決定状況をデシジョン・ツリーによって示せば図2-8となる。

図2-8 情報の価値

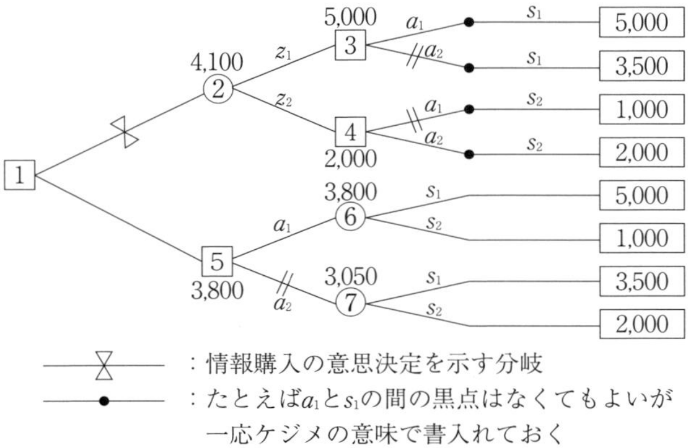

──⋈── ：情報購入の意思決定を示す分岐

──●── ：たとえばa_1とs_1の間の黒点はなくてもよいが
　　　　　一応ケジメの意味で書入れておく

（出典：「意思決定科学」p.55 図3-12）

71

Part 3　共感があまり影響しない意思決定：単独での思考を扱う経営学的手法

　　ここで確率の概念を確認しておきたい。確率論は数学の他の分野（たとえば幾何学）と同様，ある基本的公理の上に立つ理論的演繹体系である。この理論の公理は次の三つである。

①　確率は事象に付された 0 と 1 との間の実数値である。

②　全事象の確率は 1 である。

③　互いに排反な事象からなる事象の確率はそれぞれの確率の和である。

　　これら三つの条件を満たしている実数値が確率である。客観的資料に立って付された実数値であれ，主体的判断によって付された実数値であれ，上の三条件を満たしている数値は確率と考えられる。どちらの確率も，その数学的演算は同じである。

　　ここで z_i は s_i の生起を伝える情報であり，この尤度（likelihood）$P(z_1 \mid s_i)$ が1.0であるという。

　　まず，この情報を購入するかしないかの決定をする。情報を購入しないときの期待効用の最大を与える行動を算出する。a_i の期待効用を $E(a_i)$ とする。

$$E(a_1) = 0.7 \times 5,000 + 0.3 \times 1,000 = 3,800$$

$$E(a_2) = 0.7 \times 3,500 + 0.3 \times 2,000 = 3,050$$

　　したがって，有料情報のないとき a_1 を選択するのが最適行動で，その期待金額は3,800万円である。

　　有料情報を購入する場合を考える。もし，z_1 の情報が入れば状態は s_1 となるのだから，行動は a_2 よりも a_1 を選択すべきである。そのときの利得は5,000万円である。もし，z_2 の情報が入手されれば状態は s_2 となるのだから，行動は a_2 が選択され，その利得は2,000万円である。

　　それでは，z_1 および z_2 が入手される確率はそれぞれ何ほどになるだろうか。これを図2-9によって考える。z_1 の入手される確率 $P(z_1)$ は図2-9の斜線の部分である。

　　したがって，

$$P(z_1) = P(s_1) \times P(z_1 \mid s_1) + P(s_2) \times P(z_1 \mid s_2)$$
$$= 0.7 \times 1.0 + 0.3 \times 0 = 0.7$$

同様に，　　　　　$P(z_2) = 0.3$

したがって，情報zを入手するときの期待金額は次のようになる。
$$P(z_1) \times V(a_1, s_1) + P(z_2) \times V(a_2, s_2)$$
$$= 0.7 \times 5,000 + 0.3 \times 2,000 = 4,100万円$$

これは，情報を購入しないときの最適行動の期待金額3,800万円より大きい。その原因は何かといえば，情報利用によるのである。そこで，この差4,100万円－3,800万円＝300万円はこの情報の貢献度を示している。この情報は完全情報であり，したがって，これを完全情報の期待価値（expected value of perfect information, EVPI）という。

図2-9　有料情報購入

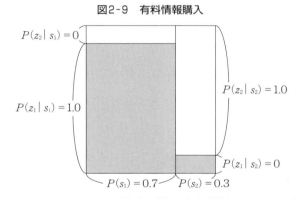

（出典：『意思決定科学』p.56 図3-13）

したがって，
$$\text{EVPI} = (0.7 \times 5,000 + 0.3 \times 2,000) - 3,800 = 300万円$$
と計算され，完全情報購入の費用が300万円以下ならば情報を購入してもよいと考えられる。

EVPIからその情報の費用を引いた差を，完全情報の正味利得（Net Gain of Perfect Information, NGPI）という。この問題では次式となる。
$$\text{NGPI} = \text{EVPI} - 費用$$
$$= 300万円 - 200万円 = 100万円$$

Part 3 共感があまり影響しない意思決定：単独での思考を扱う経営学的手法

NGPI ＞ 0 である限り，その情報は入手する意味はある。

決定の機会損失（opportunity loss）

　以上の問題解決は，機会損失概念を用いて次のようにもなされる。初めに機会損失概念を述べる。

　ある決定の機会損失とは，その決定のもとで実際に実現した費用あるいは利益と，現実に発生した状態に対し，最適の決定がなされたならば実現したであろう費用，あるいは利益との差をいう。

　機会損失表　表2-2は表2-3となる。この表の作り方を説明しよう。要するに定義からくるのだが，例えば，表2-2のs_1列の最大値5,000と，この列中の各要素の差をとって，その差をその要素に記入する。したがって，a_1行s_1列のところは5,000－5,000＝0となる。また，a_2行s_1列のところは5,000－3,500＝1,500となるのである。a_1をとったらs_1の状態が生起してきたとすれば，そのときは機会損失は0である。一方，a_2をとったときs_1の状態が生起してきたら，a_1をとればよかったという後悔の念が生じるだろう。これが決定a_2の機会損失なのである。そして，この機会損失を後悔ともいい，この表を後悔表ともいう。

表2-3　機会損失表

行動＼状態	s_1	s_2
a_1	0	1,000
a_2	1,500	0
事前確率	0.7	0.3

（出典：「意思決定科学」p.57 表3-3）

s_2についても同様に算出するのである。

　算出過程からも知れるように，機会損失表のすべての要素は非負である。

　また，意思決定には非負の機会損失が陰影のようにつきまとっていることを知らねばならない。意思決定の改善は機会損失の縮小を意味している。また，決定問題を考えるにあたって，機会損失は代替的行動経路の共通部分を除去し

74

た差額部分を示しているので非常に便利なことが多い。

このような後悔表あるいは機会損失表に最小最大基準を適用するのを後悔基準という。これは不確実性下の決定基準の一つである。表2-3でいえば次のようになる。

a_1の後悔最大値1,000

a_2の後悔最大値1,500

1,000と1,500のうち最小値は1,000である。したがって、この基準はa_1の選択を指示する。

2-2　効用測定理論

効用概念には、基数的効用（Cardinal Utility：他方に比べて、どれだけ効用が大きいか計算できる）と序数的効用（Ordinal Utility：大小、等しいなどの比較をする）がある。ものごとを測定するためには尺度が考えらえており、主に次の4つに分けられる。

①　名目尺度（nominal scale）

分類のカテゴリーとしての尺度であり、「属する、属さない」の判断の基準となる。背番号などの数値で、分類に用いる。

②　順序尺度（ordinal scale）

比較判断の基準としての尺度であり、ランキングの順位などがある。四則演算（＋－×÷）を行うことは出来ない。

測定値：序数

③　区間尺度（interval scale）

数値間の間隔が等しいことが尺度であり、計量データである。一定の測定単位があるが、基点0は恣意的である。例えば温度に関しては、摂氏5℃は華氏41° Fのことであり、10℃は50° Fである。

75

Part 3　共感があまり影響しない意思決定：単独での思考を扱う経営学的手法

　　測定値：基数

④　比率尺度（ratio scale）

　隔たりを比率で考えると意味のある尺度である。一定の測定単位および恣意性の無い０を用いる。例えば物理学での絶対０度，長さの０などがある。四則演算を行うことが出来る。

　　測定値：基数

　効用（utility）測定理論にはチャーチマンとエーコフ（Churchman-Ackoff）の基数的効用の測定理論と，ノイマンとモルゲンシュテルン（von Neumann-Morgenstern）の序数的効用の測定理論がある。ノイマン・モルゲンシュテルンの効用についての最も基本的な考え方は次のようなものである。

　いま，事象Ａ，Ｂ，Ｃがあり，その選好の順序がＣ，Ａ，Ｂとする。Ｃの生起する確率をaとし，Ｂの生起する確率を$1-a$とする。ＡとＣ・Ｂの確率的結合とが同値（効用が等しい）とするＡ，Ｂ，Ｃの効用をそれぞれ$u(A)$，$u(B)$，$u(C)$で表わすならば，上のことは次式で表現される。

$$u(A) = a\,u(C) + (1-a)\,u(B)$$

これからaを求めると，

$$a = \frac{u(A) - u(B)}{u(C) - u(B)} \tag{2-2}$$

　すなわち，２組の効用の差の比率の推定値としてaを使用できるのである。これがノイマン・モルゲンシュテルンの提唱である。

　式（2-2）で，$u(C)=1$，$u(B)=0$とすれば，$u(A)=a$となり，このaがＡの効用の数値となる。

　彼らは，効用の尺度には次の二条件が満たされることが必要であると考える。

① 　$A>B$（ＡはＢより選好される）ならば，

$$u(A) > u(B) \tag{2-3}$$

② 　$u\{aA + (1-a)B\} = a\,u(A) + (1-a)\,u(B)$ 　　　　　(2-4)

②はAとBの一次結合の効用が，Aの効用とBの効用の一次結合に等しいことを示す。これからも明らかなように，この効用の測定尺度は区間尺度である。すなわち，相対的効用であり，絶対的効用ではない。すなわち，効用測定の尺度は自然の原点をもたないのである。

実際の交渉では，状況により「契約内容が変化する提案」の効用を考える場合がある。提案の変更が効用曲線に及ぼす影響に着目し，具体的には，効用の変化を別の効用曲線への変化として捉えるのか，それとも同一曲線上での移動として捉えるのかを検討する。

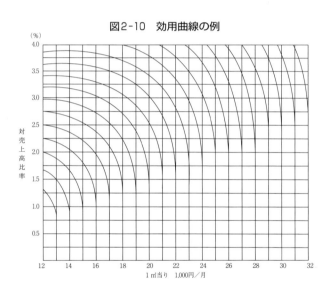

図2-10　効用曲線の例

Part 3　共感があまり影響しない意思決定：単独での思考を扱う経営学的手法

3章　プロジェクト管理のための手法：PART

　1958年，ミサイル開発プロジェクトのための管理技法として考え出された手法がPERT（Program Evaluation and Review Technique）である。筆者が以前勤務していた会社でも，プロジェクトの開始は，いつもホワイトボードにPERT図を描くところからスタートしていた。
　プロジェクト・タイプの仕事というのは，複数の人間が参加して行う一回限りの計画およびその実行である。
　PERTネットワークの描き方を説明する。大きなプロジェクトを構成している作業（Activity）を確認し，それを矢印（arrow, arc）で示す。その出発点と完了を○印で示す。この○印を事象（Event）という。

　ネットワークを書くには次の三つのルールに従う。まずある作業を念頭におく。

3つのルール
① 　先行作業は何か。
　　この作業をやる前までに完了していなければならない作業を確認する。
② 　並行作業は何か。
　　ある事象から同時に出発できる作業は何かを確認する。
③ 　後続作業は何か。
　　この作業の後に続く作業は何かを確認する。
　　実線の矢印の他に破線の矢印がある。

　これを疑似矢印という。この使い方に次の二つがある。

78

3章　プロジェクト管理のための手法：PART

1)

同じ二つの事象を二つの矢印で結ぶことはできない。それを擬似矢印②…→③によって区別する。この擬似矢印では時間も資源も消費されない。実に論理を示しているだけである。

2) 次の場合のケースを考える。
   ㋑　作業Aは作業Bに先行する。
   ㋺　作業Cは作業Dに先行する。
   ㋩　作業Aは作業Dに先行する。

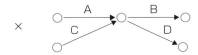

上例では，作業Cは作業Bに先行することまで入っている。これをさけるには，次のようにする。

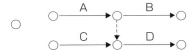

これならば，作業Cは作業Bに先行することまでは入らない。

PERTの最大の貢献は，そのプロジェクトでどこがネックかを示すことである。そのために，まず，最早時間（Earliest expected time）と最遅時間（Latest allowable time）を求める。

・最早時間

最早時間は，その事象を出発する矢印の作業がもっとも早期に出発できる時間である。これを□の中に書き込む。

Part 3　共感があまり影響しない意思決定：単独での思考を扱う経営学的手法

図3-1　最早時間と最遅時間

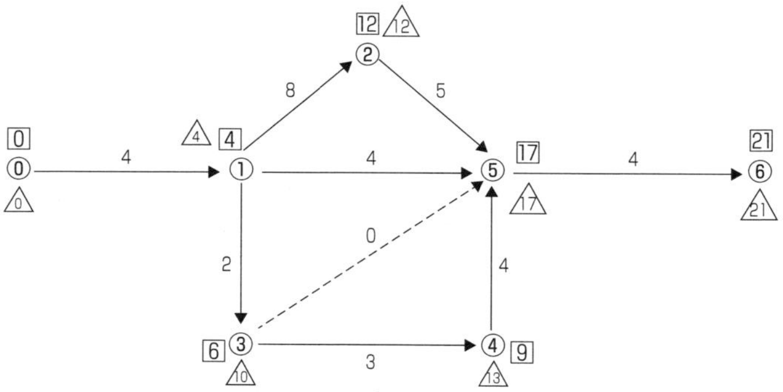

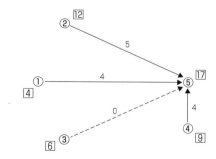

（出典：「意思決定科学」p. 79 図 4-2）

事象 0 の最早時間は 0 である。したがって⓪で示す。

　　　　　⓪＋4＝④

これが、①の最早時間である。

　　　　②の最早時間は　　④＋8＝12
　　　　③の最早時間は　　④＋2＝6
　　　　④の最早時間は　　⑥＋3＝9

ここで、⑤のように複数の矢印が入っているときは問題である。

図3-2　最早時間：複数矢印の場合

（出典：「意思決定科学」p. 80 図 4-3）

3章 プロジェクト管理のための手法：PART

　　　②から⑤へは　　⑫+5=17
　　　①から⑤へは　　④+4=8
　　　③から⑤へは　　⑥+0=6
　　　④から⑤へは　　⑨+4=13

この中で②から⑤への17週が最大である。これが⑤の最早時間となる。
⑥の最早時間は㉑となる。したがって，このプロジェクトは21週かかることが分かる。

・最遅時間

次に，最遅時間を求める。これは後から計算してゆく。△で示す。
　　　⑥の最遅時間△は，㉑と同じ数値21である。

　　　⑤の最遅時間は　△㉑－4=17
　　　④の最遅時間は　△㉑－4=13
　　　②の最遅時間は　△㉑－5=12

③や①の場合は，複数の矢印が出ている。

　　△㉑－0=17
　　△㉑－3=10

これで最小値が最遅時間となる。①のときは次のようになる。

　　　②から①へは　　△㉑－8=4
　　　③から①へは　　△⑩－2=8
　　　⑤から①へは　　△㉑－4=13

81

Part 3　共感があまり影響しない意思決定：単独での思考を扱う経営学的手法

したがって，最小値は 4 である。これが①の最遅時間となる。

①の最遅時間は，$\triangle_1$ $-4=0$ である。

各事象の最遅時間と最早時間の差をスラック時間（slack time）という。

$\triangle_i$ $-$ $\boxed{j}$ ＝スラック時間

例えば，事象②のように

$\triangle_{12}$ $-$ $\boxed{12}$ ＝0

すなわち，スラック時間のない事象がある。このようにスラック時間 0 の事象を臨界事象という。臨界事象間の作業を臨界作業という。このプロジェクトの開始から完了の事象間を臨界作業がつらなっている。このつらなっている経路を臨界経路（critical path）という。臨界経路上の作業が遅れると，それだけプロジェクト全体の完了が遅れることになる。

臨界経路を表示するのに二つの方法がある。それは矢印を短線でカットする。あるいは他の矢印より太い矢印で示すのである。

図3-3　臨界経路

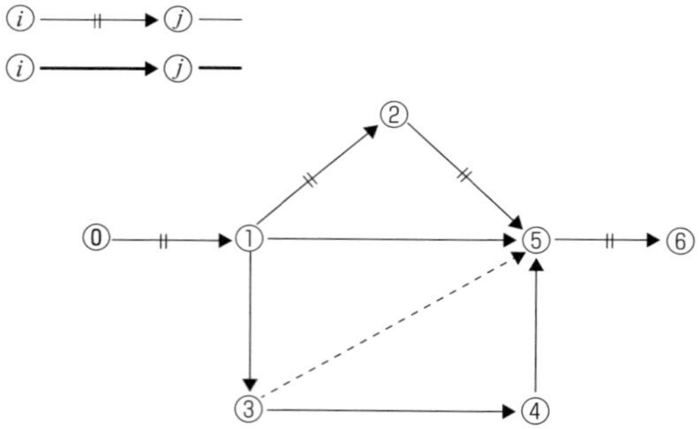

（出典：「意思決定科学」p. 82 図4-4)

4章　マーケット戦略

4-1　市場占有率の動向を予測する手法：マルコフ分析

　ここではマルコフ連鎖（Markov chain）論を応用して，競合する企業の市場占有率の推移と製品のライフ・サイクルを使って市場戦略を検討する。

　マルコフ分析はロシアの数学者マルコフ（Markov, A. A.）に始まる。ブラウン運動を数学的に表現しようとした努力に始まり，多くの有名な数学者が参加している確率論の重要な領域になっている。マルコフ特性（Markov property）というのは，現状から将来への行動には過去が影響しない性向をいう。

　この分析を使って，市場占有率の動向を予測し，マーケティング戦略を検討しよう。市場にはA社，B社とC社が競争しているとする。現在の市場占有率はそれぞれ50％，30％と20％であるという。

　顧客のロイヤリティ（特定の会社の製品に対する執着度あるいは忠誠度）によって，各社の市場占有度は変化する。

　図4-1をシャノン線図（Shannon Diagram）というが，これで説明する。

　ⒶからⒶに入っている矢印の側の数字（80％）は，A社へのロイヤリティ（loyalty）を示している。A社の製品の代替にまたA社製品を購入することを示している。ⒶからⒷの数字15％は，Aの顧客の15％がB製品に変更することを示している。他の数字も同様に解釈する。この数値を推移確率（Transition probability）という。

　Ⓐ，ⒷとⒸの側の（　）の数字は現在のA，BとC社の市場占有率を示している。

　この顧客の推移状態を行列表示すると次のようになる。この行列を推移確率

Part 3　共感があまり影響しない意思決定：単独での思考を扱う経営学的手法

行列（Transition probability matrix）という。列和は1.00となる。

$$\begin{array}{c c c c} & A & B & C \\ A & \left[\begin{array}{ccc} 0.80 & 0.2 & 0.15 \\ 0.15 & 0.6 & 0.10 \\ 0.05 & 0.2 & 0.75 \end{array}\right] \end{array} \qquad (4\text{-}1)$$

例えば，Aの列和は0.8＋0.15＋0.05＝1.00となる。BおよびCの列和も1.00となるのである。

現在，A，BとC社の市場占有率はそれぞれ，50％，30％と20％である。

上記のような顧客の争奪戦が展開した直後の市場占有率は，どのようになるだろうか。図4-1のシャノン線図から容易に次のように推論できる。

図4-1　シャノン線図

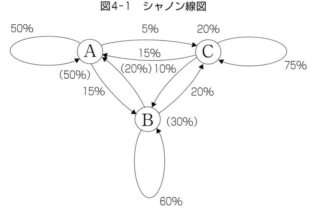

（出典：「意思決定科学」p. 89 図5-1）

Aの市場占有率＝Aの市場占有率50％×0.8＋Bの市場占有率30％×0.2
　　　　　　＋Cの市場占有率20％×0.15＝55％

行列演算を使うと次のような計算になる。

$$\left[\begin{array}{ccc} 0.80 & 0.20 & 0.15 \\ 0.15 & 0.60 & 0.10 \\ 0.05 & 0.20 & 0.75 \end{array}\right] \times \left[\begin{array}{c} 0.50 \\ 0.30 \\ 0.20 \end{array}\right]$$

4章　マーケット戦略

$$
= \begin{bmatrix} 0.80 \times 0.50 + 0.20 \times 0.30 + 0.15 \times 0.20 \\ 0.15 \times 0.50 + 0.60 \times 0.30 + 0.10 \times 0.20 \\ 0.05 \times 0.50 + 0.20 \times 0.30 + 0.75 \times 0.20 \end{bmatrix}
$$

$$
= \begin{bmatrix} 0.490 \\ 0.275 \\ 0.235 \end{bmatrix} = \begin{bmatrix} 49\% \\ 27.5\% \\ 23.5\% \end{bmatrix} \qquad (4\text{-}2)
$$

すなわち，A社の市場占有率は49％，B社は27.5％，C社は23.5％である。

一回の代替により，A社は1％失い，B社は2.5％を失い，ただC社だけが3.5％の市場占有率の増大となった。

さて，各社とも市場占有率の変化の落ちつく状態がある。これを定常状態（steady state）という。この定常状態におけるA社，B社およびC社の市場占有率をx, yとzとする。このとき，定常状態のx, yとzは次式をみたすことになる。

$$
\begin{bmatrix} 0.80 & 0.20 & 0.15 \\ 0.15 & 0.60 & 0.10 \\ 0.05 & 0.20 & 0.75 \end{bmatrix} \times \begin{bmatrix} x \\ y \\ z \end{bmatrix} = \begin{bmatrix} x \\ y \\ z \end{bmatrix} \qquad (4\text{-}3)
$$

すなわち，市場占有率x, y, zからもう一度代替購買が行われても，A，BとC社の市場占有率に変化がなく，x, yとzであるというのが式（4-3）の意味である。

式（4-3）は次の連立方程式である。

$$
\begin{aligned}
0.80x + 0.20y + 0.15z &= x \\
0.15x + 0.60y + 0.10z &= y \\
0.05x + 0.20y + 0.75z &= z
\end{aligned} \qquad (4\text{-}4)
$$

式（4-4）の右辺を左辺に移項する。

$$
\begin{aligned}
-0.20x + 0.20y + 0.15z &= 0 \\
0.15x + 0.60y + 0.10z &= y \\
0.05x + 0.20y + 0.75z &= z
\end{aligned} \qquad (4\text{-}5)
$$

式（4-5）は式の数が3個，変数の数が3個であるから，一意的解があるよ

85

Part 3　共感があまり影響しない意思決定：単独での思考を扱う経営学的手法

うに思える。しかし，式（4-5）の上の二式から下の式が容易に導かれる。ということは，連立方程式（4-5）は一次独立の関係にない。そこで，x, yとzは市場占有率であるから，次の式が成り立つ。

$$x + y + z = 1 \quad (4\text{-}6)$$

式（4-5）の任意の二つの方程式と式（4-6）を連立させる。ここでは式（4-5）の上二式と式（4-6）を連立させる。

$$\begin{aligned} -0.20x + 0.20y + 0.15z &= 0 \\ 0.15x - 0.40y + 0.10z &= 0 \\ x + y + z &= 1 \end{aligned} \quad (4\text{-}7)$$

連立一次方程式は，クラメール公式によって簡単に解ける。特に変数が3個の場合は，次のようになる。

$$x = \frac{\begin{vmatrix} 0 & 0.2 & 0.15 \\ 0 & -0.4 & 0.10 \\ 1 & 1 & 1 \end{vmatrix}}{\begin{vmatrix} -0.2 & 0.2 & 0.15 \\ 0.15 & -0.4 & 0.10 \\ 1 & 1 & 1 \end{vmatrix}} \quad (4\text{-}8)$$

これは行列式の計算である。分母の要素は式（4-8）の左辺の変数の係数である。分子はxを求めるときはxの係数の代わりに右辺をもってくる。分母は次のように計算する。

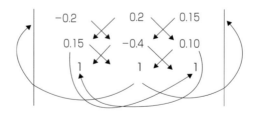

$$\begin{aligned} &= (-0.2) \times (-0.4) \times 1 + 0.2 \times 0.10 \times 1 + 0.15 \times 1 \times 0.15 \\ &\quad - 0.15 \times (-0.4) \times 1 - 0.2 \times 0.15 \times 1 - 0.10 \times 1 \times (-0.12) \\ &= +0.048 + 0.02 + 0.0225 + 0.060 - 0.030 + 0.012 = 0.1725 \end{aligned}$$

分子は次のとおりである。

$$\begin{vmatrix} 0 & 0.2 & 0.15 \\ 0 & -0.4 & 0.10 \\ 1 & 1 & 1 \end{vmatrix} \begin{aligned} &= 0 \times (-0.4) \times 1 + 0 \times 1 \times 0.15 \\ &\quad + 1 \times 0.2 \times 0.1 - (0.15) \times (-0.4) \times 1 \\ &\quad - (0.2) \times 0 \times 1 - 0 \times 1 \times (0.10) \\ &= 0.02 + 0.06 = 0.08 \end{aligned}$$

したがって，

$$x = \frac{0.0800}{0.1725} = 0.463 = 46.3\%$$

同様に，y，zは次のようになる。

$$y = \frac{0.0225}{0.1725} = 0.132 = 13.2\%$$

$$z = 1 - 0.463 - 0.132 = 0.505 = 50.5\%$$

すなわち，究極的にはA社46.3％，B社13.2％でC社50.5％となる。これを求めるときの式（4-3）を見て気がつくことは，その時点での市場占有率は定常状態の市場占有率に影響をしていない。問題は推移確率行列である。

このことからいえることは，たとえ現在いかに市場占有率が高くとも，相手企業から顧客をとらず，自分の占有率保持に努力しても，結局は市場から追い出されてしまうのである。

4－2　プロダクト・ライフ・サイクル

企業は，永続企業（going concern）を目標にしている。一商品だけに依存している企業は，その商品の寿命と共に消滅して行く。初めあるものは終りある，すなわち，ライフ・サイクルがあるということで商品のライフ・サイクルがどのような形をしているかは簡単にはいえない。かなり個性的な面がある。しかし，一般型としては次のように考えられている（図4-2）。

Part 3　共感があまり影響しない意思決定：単独での思考を扱う経営学的手法

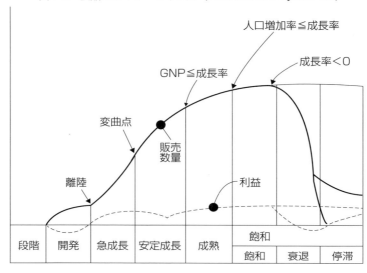

図4-2　製品のライフ・サイクル（Product Life Cyde：PLC）

（出典：「意思決定科学」p. 95　図5-3）

第一段階＝新製品開発段階　この段階は，新製品を市場に出した段階である。まだ，それほど注目されていない。特殊なマニア，専門家，あるいはセミプロ等が注目しているにすぎない。それらの客層を市場革新者（market innovators）という。彼らがよいと評価すると，いよいよこの製品は売れ出す。いわゆる離陸である。まだ，利益は出ていない。

第二段階＝急成長段階　非常な急成長をとげている段階である。数学的には，凸曲線をえがいている。単に実数的に増加しているだけでない。その成長率も増加している。換言すれば，第二次導関数が正値をとっている。プロやセミプロの好評を得て大衆顧客層も動き出した。完全離陸できた状態である。それにともなって利益も急成長して伸びている。

第三段階＝安定成長段階　実数的には増大している。しかし，成長率は鈍化しだした。数学的には販売実数曲線は凹曲線をえがく。すなわち，第二次導関数が負値をとっている。したがって，前の第二段階との境界が変曲点となってい

る。この変曲点のあたりが，利益の極大点にもなっている。

第四段階＝成熟段階　この段階は販売実数の成長率は一層鈍化している。しかし，それでもGNP（国民総生産）の成長率よりは大きい。この段階では製品も一般大衆化しており，製品の差別化が積極的に展開している。差別化戦略によって販売するのが中心の戦略となっている。

第五段階＝飽和段階　この段階で．製品は市場で飽和状態になる。新規需要はなく，代替需要がほとんどである。この段階の初期ではGNPの成長率よりは小さい成長率となっている。この成長率もどんどんゼロに近いものになって行く。そして，この段階で製品が衰退に向かうか，あるいはこの状態がさらに続くかの分岐点となる。すなわち，成長率がマイナスとなるか，ゼロとなるかの分岐点なのである。

　急速に衰退する製品がある。例えば，書籍がある。書籍の多くはその販売冊数は一万冊をこえない。したがって，　ようやく成長段階に入ったと思うのも束の間，直ちに衰退してしまう書籍がほとんどである。もっとも聖書のようなロングセラーもある。

第六段階＝衰退段階　この段階では．成長率はマイナスであり，実数の販売実績も急速に落ち込んでいく。大衆顧客がその製品ばなれをしている。その製品の市場からの撤退をよぎなくせざるを得ない段階にきている。

第七段階＝停滞段階　この段階では製品が完全に市場から追い出されるのではない。現状維持的な売れ行きの状態である。物によっては市場の片隅で細ぼそながら生き続ける商品もある。

　以上が一般的なライフ・サイクルのパターンである。

4-3　プロダクト・ポートフォリオ

　ポートフォリオ（portfolio）の辞書的意味は，①紙ばさみ，②書類入れ，③有価証券一覧表，である。これら三つの意味に共通している考え方は，何か束になっていることである。すなわち，組合せの考え方である。

　ポートフォリオが，経営研究の領域に最初に登場したのは，マーコヴィッツ

Part 3　共感があまり影響しない意思決定：単独での思考を扱う経営学的手法

（Markowitz, H.）著『ポートフォリオ・セレクション』である。1952年の出版である。この内容は，有価証券の最適な組合せをいかに選択するかの研究であった。一つの企業は，いろいろな商品の販売あるいはビジネスをやっている。それを図4-3にプロットする。

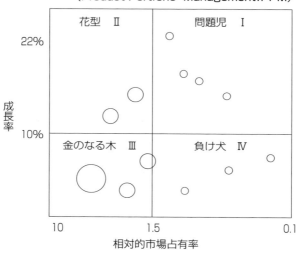

図4-3　プロダクト・ポートフォリオ・マネジメント
（Product Portforio Management:PPM）

（出典：「意思決定科学」p. 101　図5-9）

縦軸は問題ないが，横軸に注意されたい。自社に対する最大の競争相手との比率を横軸にとる。例えば，自社の市場占有率が10％である。最大の競争相手の市場占有率が20％とする。このときは $\frac{10}{20}=0.5$ が横座標となる。もし自社がそのビジネスの業界で最大手とする。第二位の市場占有率は5％とする。このときは $\frac{10}{5}=2$ が横座標である。円の大小は，取扱量の大小を示す。このように，図にすると自社の商品あるいは業態の特徴がつかめる。四つの象限に分割する。

第Ⅰ象限を「問題児」（question mark, problem child）という。これは相対的な市場占有率が低いが，成長率が高い。成長率が高いために金がかかる。し

かし，占有率が低いためにあまり収入がない。したがって，このビジネスには，二つの戦略のうちどちらかをとる以外にない。すなわち，一つは花形にもっていくようにするか，もう一つは市場からの撤退である。

第Ⅱ象限は「花形」(star) である。これは高成長率であり，かつ占有率も高い。大略，資金的に自分を支えながら，急成長をとげている。したがって，外見よりは資金的に余裕はなく，他にまわすほどの余裕はない。

第Ⅲ象限は「金のなる木」(cash cow) である。これは成長率は低いが，占有率は高い。したがって，投資要求も低く，低コストでまかなえ，しかも市場で有利な立場に立っている。配当や利子支払いも，借金能力も，間接費もあるいは他部門での投資金等も，この「金のなる木」から出るのである。

第Ⅳ象限は「負け犬」(dog) である。低成長率でかつ低占有率である。占有率が低いために，競争のためのコストが高くつく。とくに，インフレ時期には現状を維持するのに要する資金も回収できないほどの低成長である。企業としては，これに対して撤退作戦以外にないだろう。

プロダクト・ポートフォリオ戦略は，以上のような四象限で，一企業の商品群あるいは事業群を分類する。これの組合せとして企業経営を行う。永続企業としてはこの発想が重要である。

Part 3　共感があまり影響しない意思決定：単独での思考を扱う経営学的手法

5章　待ち行列に関する手法
：サービス・システム分析

　サービスに対する需要が不規則に変動するために，サービスの供給者は需要をまかなうのに非常に困難な問題にぶつかる。また，需要者の側でも供給が安定していないために不便を感じる場合が多い。このような供給と需要の不整合から持ち合わせ行列という現象が生じる。待ち行列の理論（Queueing Theory）とは，需要と供給との調整をできるだけ合理的に解決しようとする理論である。

　多数のお客（買物客，故障した機械など広く解釈される）がサービスを受ける目的でサービス・ステーションに到着するとき，必ずしも一定の時間を保って順序よく来てくれるとはかぎらない。つまり，お客の到着時間がまえもって正確にわからない。同じようなことがサービスに要する時間についてもいえる。すなわち，つねに一定のサービスを要するのではなく，サービス時間もときには非常に長かったり，ときには短かったりする。このために，ステーションには遊んでいる時間が生じたり，お客のほうで待ち行列をつくって長いこと待たされたりする。待ち行列とサービス・ステーションを合わせて，サービス・システムという。また系ともいうことがある。そして，系の状態は待ち行列とサービス・ステーションにいるお客の数で示される。

図5-1　待ち行列の要素

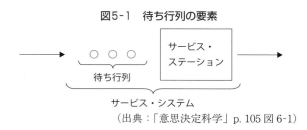

（出典：「意思決定科学」p. 105 図 6-1）

5章　待ち行列に関する手法：サービス・システム分析

　待ち行列理論で取り扱う問題を分析してみると次のようになる。混雑を避けようとしてサービス能力をふやせば，サービス・ステーションに遊休時間が生じ，一方，サービス能力をへらせば遊休時間は縮小されるが，お客の待ち行列が生じる。遊休時間ができても待ち行列ができても，そのために余分の費用がかかる。需要者側の立場でいえば，供給者側に遊休時間ができても待ち行列のできないほうがよいし，供給者側の立場からは，待ち行列ができても遊休時間のできないほうがよい。結局，問題は「それらの費用を考慮した両方の費用の合計を最小にし，できるだけ混雑を押えるように需要とサービスの能力を調整すること」になる。

　このほかにも，状況に応じて着目しなければならない量が種々ある。例えば，待ち時間がある与えられた時間以上に長びく確率や，全然待たなくてもよい確率，あるいはステーションの多忙な時間がどのくらいかというような問題もある。しかし，待ち合わせ問題の解決にさいしては，前述のような費用分析が不可欠なことである。本章では，主として待ち行列の長さに関連した問題を考えることにする。

サービス・システムの構造
　サービス・システムの構造は次の四つの要因で規定される。
① 　お客の到着時間の確率分布
② 　サービス時間の確率分布
③ 　サービス・ステーションの構造（ステーションの数と並び方）
④ 　行列規準（サービス・ステーションにはいるお客の行動上の規準で，例えばサービス・ステーションが数個並列していても，単一の待ち行列をつくり先着順にサービスを受ける場合とか，各ステーションの前にそれぞれ待ち行列をつくる場合とか，また到着したお客はたとえ待ち行列がどのように長くとも必ず待ち行列に加わるといったようなこと）

　これら四つの要因に関しては，特定の仮定をしなければ待ち行列の問題を数学的に解析することは非常に困難であるか不可能である。そこで，数学的に取

93

Part 3　共感があまり影響しない意思決定：単独での思考を扱う経営学的手法

り扱いやすいような仮定をおいて行列の長さやその他の問題が研究される。このように数学的に解析可能な特殊な場合を研究する理由は，このような接近を実用に供しうる場合がしばしばあらわれるし，また，この解析によって，我われは待ち行列問題に対する一般的な考えかたを会得することができるからである。

ポアソン到着・指数サービス時間の場合

仮定1　系の状態の長さの確率分布は時間によって変わることのない定常状態（steady state）にある。

仮定2　お客の到着数はポアソン分布をしている。

仮定3　お客は先着順にサービスを受ける（first come first serve）単一の待ち行列をつくり，サービスが完了するまで系を離れない（行列規準）。

　仮定1は，次のような状態をいう。例えば，スーパー・マーケットのカウンターを例に考えれば，そこでお客が待ち行列をつくる場合，その長さの確率は，開店10分後と1時間後とでは異なるであろう。すなわち，その確率は待ち行列が観察される時点に依存している。しかし，開店後2時間と3時間とでは待ち行列の長さの確率分布は，そんなに変わらないと考えられる。一般的にいえば，時間経過とともに系は最初に行列がなかったということの影響がなくなり，どの時点でも同一の確率分布をもつ状態になるであろう。このような状態を定常状態という。平均サービス時間が平均到着時間より長ければ，系はしだいに長くなってこの定常状態にならない。実際には多くの系は近似的にでも定常状態に達するから，我われはこの状態での系の動きを研究することにする。いうまでもないことだが，この場合，待ち行列の長さが変わらないのではなく，その確率分布が変わらないのである。

　仮定2は，次の二つが満たされることを意味している。

①　ある時間間隔の到着数は，その時間間隔以前にすでに到着している数と独立である。

②　Δtが十分小さければ，時刻tと時刻（$t + \Delta t$）の間にちょうど1人のお客
　　が到着する確率P_Aは次式で示される。

$$P_A = \lambda \Delta t$$

　上式ではλは定数であり，サービス・待ち行列の長さなどに無関係であるこ
とを示している。このような到着はポアソン到着（Poisson arrival）といわれ，
ランダムな到着のしかたである。そして単位時間$t = 1$内のポアソン到着は図5
-2のような分布を示し，それはポアソン分布と呼ばれている。このポアソン到
着の仮定は，現実によく一致する場合が非常に多い。

図5-2　ポアソン分布

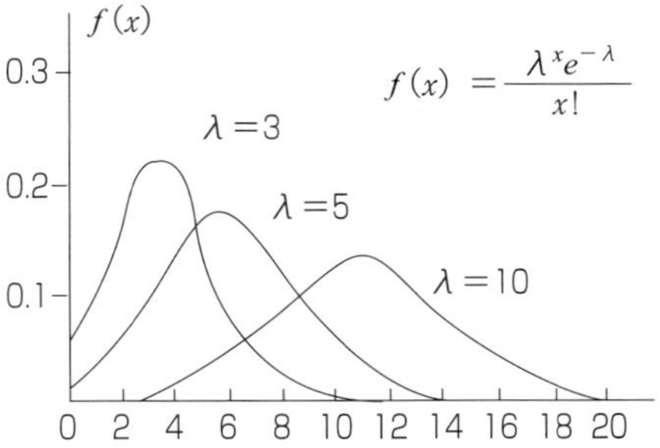

$$f(x) = \frac{\lambda^x e^{-\lambda}}{x!}$$

（出典：「意思決定科学」p. 107 図6-2）

待ち合わせ問題の基本方程式　単一ステーションの場合

　ここでは待ち行列の長さに制限はないものとする。なお，お客は無限母集団
からのものとする。

　以下の記述のために，次のような記号を定めておこう。

L………………系のなかにいるものの平均数（average number of packets in
　　　　　　　the system）

λ（ラムダ）……平均到着率（average arrival rate）（単位時間当たりの平均到
　　　　　　　着数）

μ（ミュー）……1サービス・ステーション当たりの平均サービス率（average
　　　　　　　service rate）

Part 3　共感があまり影響しない意思決定：単独での思考を扱う経営学的手法

サービス・システムの平均の客数Lを求めると，それは次式で定義される。

$$L = \frac{\lambda}{\mu - \lambda} \qquad (ただし \frac{\lambda}{\mu} < 1) \qquad (5-1)$$

$$P = \frac{\lambda}{\mu}$$

というP（ロー）は，トラフィック密度（あるいは呼量，交通密度）という値である。行列が安定するためには，

$$\lambda < \mu$$

である必要がある。つまり

$$P < 1$$

　最初に述べたサービス能力がお客をさばき切れても大変な混雑が生じることがあるということは，$\frac{\lambda}{\mu}$が1に近い，待ち行列の平均の長さや待ち時間がきわめて大きなものになるということである。

例題　修理問題

　ある工場で，平均して1時間に4台の割合で故障する機械修理のため，修理工を1人雇おうとしている。故障の発生回数はポアソン分布をするものとする。機械が故障していれば，会社にとって1時間当たり5千円の損失と考えられる。会社は修理工AとBのどちらかを雇うのだが，Aは1時間平均5台の割合で直し，1時間1,300円の賃金を要求している。一方，Bは1時間平均6台の割合で修理するが，要求賃金は1時間1,500円である。A，Bどちらの場合でも，修理時間は指数分布に従っている。どちらを雇うべきであるか。ただし，1日8時間労働とする。

解

　A，Bについて1日8時間当たりの全期待費用を計算し少ないほうを選ぶ。Aについて考えると，その日給は1,300×8＝10,400円である。そして，この場合には故障した機械がお客であり，修理工がサービス・ステーションであり，

96

5章　待ち行列に関する手法：サービス・システム分析

しかもこれは単一サービス・ステーションの場合である。機械が故障して遊んでいる平均台数は，式（5-1）から1時間当たり

$$\frac{\lambda}{\mu - \lambda} = \frac{4}{5-4} = 4台$$

となる。したがって，1日8時間のうち機械の遊休時間は8×4＝32時間である。金額にすれば5,000×32＝160,000円の期待損失であり，Aの場合の総費用は160,000＋10,400＝170,400円となる。

　Bについて考えると，その日給は1,500×8＝12,000円であり，期待損失は

$$5,000 \times 8 \times \frac{4}{6-4} = 80,000円$$

となる。この結果，Bの場合の総費用は80,000＋12,000＝92,000円となる。したがって，Bを雇うほうがよい。

Part 3 共感があまり影響しない意思決定：単独での思考を扱う経営学的手法

6章 経営状況を判断するための手法：財務決定分析

　財務（Finance）は資金の流れを問題にする。資金は組織体の血液である。これが止まったら，組織もその存在を止めざるを得ない。非常に重要な領域である。

財務管理（Financial Management）

　財務管理は，企業の目的達成を求めて資本の調達と運用を最適にする意思決定である。貸借対照表は，次の構造になっている。

図6-1　貸借対照表（Balance Sheet:BS）

貸借対照表　　　○年度末

借　　方	貸　　方
資本の運用	資本の調達

（出典：「意思決定科学」p. 136　図7-1）

　借方は資本（capital）の運用形態を示し，貸方は資本の調達形態を示している。資本の調達と運用を最適にするのが財務管理である。

　自然現象も，社会経済現象も，量的に表現するとき基本的に次の二種の量がある。フロー（flow）とストック（stock）である。水槽の例で示す（図6-2）。

　水流が入ってくる蛇口と水流が出る蛇口がある。1分間にあるいは1時間に入る水量あるいは出る水量が測定される。このように一定時間内の量をフローという。これに対し，ある時点に，この水槽にどれだけの水かさがあるかが測定される。このように，ある時点での量がストックである。

98

6章　経営状況を判断するための手法：財務決定分析

図6-2　水　　　槽

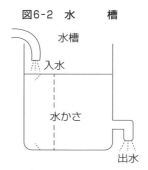

（出典：「意思決定科学」p. 136 図 7-2）

　財務諸表は企業の財産状態を示している。この財務諸表の中の貸借対照表は財産のストック状態を示している。これに対し，損益計算書は財産のフロー状態を示している。ストックとフローの量によって企業活動をとらえていくのである。

　財務状態の問題は，流動性と収益性の領域に生じる。流動性は会社の支払期日に支払いのできる能力を測定する。倒産は支払能力，すなわち，流動性の条件を破った状態である。したがって，財務管理は流動性の条件下に収益性極大を求める行動といえる。

財務分析（Financial Analysis）

　収益性の尺度として，総資本利益率をとる考え方と自己資本利益率をとる考え方がある。米国における財務管理思考は，後者の立場に立っている。日本の場合は，前者に立つことが比較的に多い。

　目標総資本利益率に必要な売上高産出の分析法がある。これを利益計画分析という。利益計画分析は，利益構造分析と資本構造分析からなっている。

　利益構造分析は，一般的には損益分岐分析として知られている。利益構造分析は，図形的には次の利益図表によって表示される。

99

Part 3　共感があまり影響しない意思決定：単独での思考を扱う経営学的手法

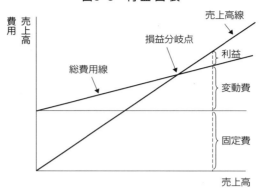

図6-3　利益図表

（出典：「意思決定科学」p. 138 図7-3）

次のように記号を定める。

　　　C：総費用（total cost）
　　　V：変動費（1個あたり）（variable unit cost）
　　　F：固定費（fixed cost）
　　　P：価格（unit price）
　　　x：個数（unit volume）
　　　S：売上高（sales）

損益分岐点（Break-Even Point）とは，売上高と製造コストが等しい点であり，以下の公式により，決定できる。

$$S = P \times x \qquad (6\text{-}1)$$
$$C = F + V \times x \qquad (6\text{-}2)$$

(6-1) と (6-2) より，

$$P \times x = F + V \times x$$
$$(P-V)x = F$$
$$x = \frac{F}{(P-V)}$$

100

7章 コストに関する手法
：在庫決定分析

　企業の深刻な病気に過大在庫がある。貸借対照表の借方に棚卸勘定がある。

　過大在庫でこれが大きくなる。せっかくつくったのに売れない。これと全く同額が貸方で拘束されている。在庫が滞貨している。そのための保管費や品質の劣化がみられる。これと同時に資本がねているため，その分の金利等の資本コストがかかっている。さらに悪いことには，流動性が悪化している。滞貨している在庫はすぐには換金できない。支払い不能になり，倒産に追い込まれる危険が増大してくる。

図7-1　貸借対照表

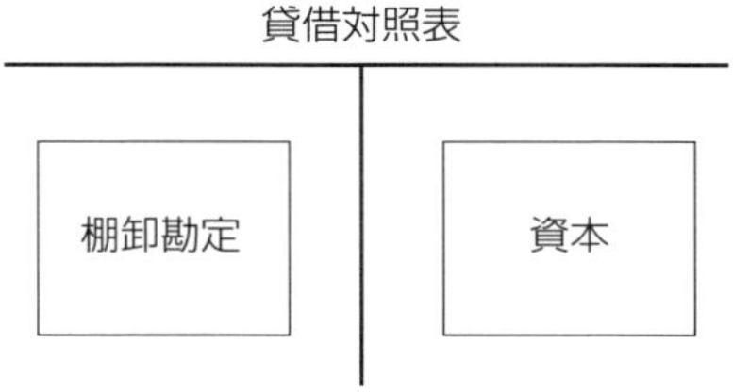

貸借対照表

棚卸勘定	資本

（出典：「意思決定科学」p. 176 図8-1）

　一方，過小在庫というのも問題である。品物があれば得たであろう利益を失う。いわゆる機会損失の発生である。工場ならば，材料在庫不足で機械が停止することも生じる。

　財務部門，販売部門と生産部門とでは在庫に対する姿勢が異なる。

　財務部門は可能な限り少ない在庫がよい。資本が在庫で滞ることを嫌う。適正ロット・サイズよりは流動性を求めて，より小さいロットで生産することを要求しようとする。

Part 3　共感があまり影響しない意思決定：単独での思考を扱う経営学的手法

　販売部門は品不足でお客に迷惑をかけるよりは豊富な在庫を求める傾向がある。生産部門も原材料在庫が不足になることを嫌う。

　ここに部門間に利害が対立する。この対立を調整し，いたみ分けをする点が最適点である。

　在庫管理（inventory control）で最も重要な公式は経済的発注量（Economic Ordering Quantity，EOQ）の公式である。

　在庫問題の費用は大別して次の三つである。

注文費用あるいは段取費用

　注文を発注したり，トラックの手配およびその輸送費用あるいはその受け入れの手続き，検査等の費用である。固定費である。工場では，ある生産を開始するにあたって段取りをする費用である。ロット・サイズに関係ない固定費である。

保管費用

　倉敷料，保管料，在庫にねている資本の金利，陳腐化による損料等がこれに入る。

品不足費用

　品不足のために生じる費用，あるいは品不足のイメージが与える損失等の機会損失をいう。

　次のように記号を定める。

　　Q：注文量（order quantity）

　　S：注文費（set up cost）

　　C：1単位当たりの仕入費用（unit cost/valuable cost）

　　I：年間保管費（在庫金額の％）（inventory cost）

　　D：年間需要量（annual quantity demanded）

　　TC：総費用（total cost）

$$総保管費 = \frac{Q}{2} \times C \times I = \frac{Q}{2} CI \tag{8-1}$$

102

7 章　コストに関する手法：在庫決定分析

$$\text{総保管費} = \frac{D}{Q} \times S = \frac{DS}{Q} \qquad\qquad (8\text{-}2)$$

したがって，

$$TQ = \text{総保管費} + \text{総注文費}$$

$$= \frac{Q}{2}CI + \frac{DS}{Q} \qquad\qquad (8\text{-}3)$$

TQ を図示すると図7-2になる。TQ の最小になる Q が経済的注文量である。直観的に式（8-1）と（8-2）の交点の Q が最適注文量に見える。それは正確なグラフによっても確認される。

極小問題として TC を Q に関して微分する。

図7-2　在 庫 問 題

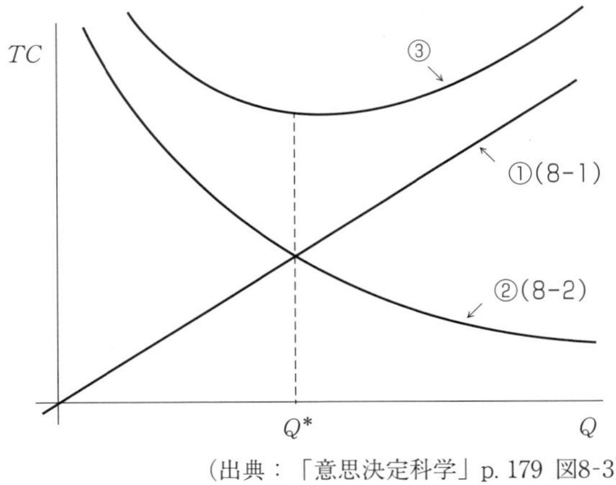

（出典：「意思決定科学」p. 179 図8-3）

$$\frac{dTC}{dQ} = \frac{CI}{2} - \frac{DS}{Q^2}$$

$\frac{dTC}{dQ} = 0$ を与える Q が，経済的発注量 Q^* である。

$$\frac{CI}{2} - \frac{DS}{Q^{*2}} = 0 \qquad\qquad (8\text{-}4)$$

103

Part 3　共感があまり影響しない意思決定：単独での思考を扱う経営学的手法

$$Q^* = \sqrt{\frac{2DS}{CI}} \qquad (8\text{-}5)$$

　式（8-5）を経済的注文量の公式（EOQ）という。Q^*が経済的注文量である。
式（8-4）を

$$\frac{CI}{2} = \frac{DS}{Q^{*2}}$$

両辺にQ^*を乗ずる。

$$\frac{Q^*CI}{2} = \frac{DS}{Q^{*2}} \qquad (8\text{-}6)$$

　式（8-6）で左辺は式（8-1）であり，右辺は式（8-2）である。両者が等し
いということはQ^*で交わっていることを示している。前述の直観が正しかっ
たことを知る。

8章　伝えられることと
伝えられないこと

　科学的方法（methods），専門技術（technique），および用具（tools）といった知的手法を意思決定者に教えることは可能である。そして知的手法を用いれば，誰でも同一，かつ合理的解を導くことができる。

　一方で，その知的手法を，いつ，どこで，誰のために何を実現するために用いるかは，伝えることができない。それを決めることが，すなわち，その人がその人の人生を生きることだからだ。

Part 4

共感が影響する意思決定
：相互依存関係を扱う交渉理論

1章　交渉とは？

交渉の構造

　交渉においては，当事者である交渉者が公正（fair）さで合意できる点が，妥協点となる。交渉では交渉結果だけでなく過程も含む多様な側面を考慮することが望まれており，それらを総合的に見て公正な分配が行われたといえるとき，交渉は妥結する。交渉者がこのような一見公平でなく見える選択を行うことは，von Neumann と Morgenstern も指摘している[10]。

　そのため，本書のPart 3で扱っている数値的効率（efficient）を主とした研究は，分析結果を現実に当てはめる際に，ある面では困難がある。これは，人間の意思決定においては人間性が重要な要素であるが，通常の数値的研究ではこれらを考慮していないからである。このような視点は，例えば経済の分野では「行動経済学」という領域で研究されている。これは，人間の認知能力の限界や自制心の欠如などの要因がどのように個人の意思決定や市場動向に影響を及ぼすのかという研究であり，セイラー（Thaler, R.H.）が2017年にノーベル経済学賞を受賞している。

　このPart 4では，交渉の構造，交渉過程を取り上げる。そして，Part 2で意思決定に影響を及ぼす要素として取り上げた，共感の視点から交渉について考えていきたい。

　英語で交渉を意味するbargainingとnegotiationとは，ほぼ同じ意味である。ただしbargainingは，主により競争的，あるいは価格をめぐる交渉を指す。それに対してnegotiationは，より洗練された交渉を意味することがある。本書ではこれらの区別はしない。

Part 4　共感が影響する意思決定：相互依存関係を扱う交渉理論

　英語のnegotiationは，Negとotiationからなっている。ラテン語ではNegは否定を意味し，otiはラテン語のotium，つまり「楽しい」という意味である。英語のnegotiationとは，「楽しくないきつい仕事」という意味になる。また英語のnegotiationには，道路や困難などの切り抜けという意味もある。
　交渉の渉という漢字は，部首のさんずいは流れる川を意味し，つくりの歩は，左右の足跡を表している。つまり交渉は，川を歩いて渡った末に，ある一点で一緒になるということを意味する。「自分の立場を譲り，互いに歩みより，合意に至る」という交渉では，自身が譲れるところ，かつ相手にとって意味のある譲歩を考えることが重要になる。

　また交渉には，Art and Scienceという側面がある。つまり，交渉を学ぶためには，経験と理論の両方が必要になる。例えば芸術や音楽は，体で覚える部分が多く，ある種の理論は，机で勉強することができる。芸術と理論の要素を併せ持つ交渉を学ぶためには，交渉経験，交渉理論の理解，交渉理論に基づき交渉を実践するというこれら全てが，等しく重要な意味を持ってくる。

図4-1　対立の経験をその後に活かす循環

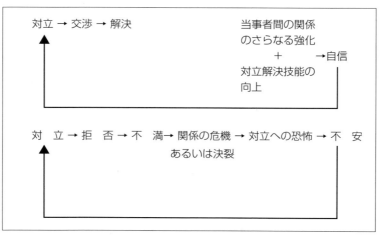

（出典：「交渉学ハンドブック」p. 62 図1　対立の経験をその後に活かす循環）

110

1章　交渉とは？

　交渉は，基本的で一般的な人間の行動である。それは，労使関係，合弁や買収などの商取り引き，そして日常生活でも見られる過程である。双方の要求を満たし，利益と満足感を得るために，人は交渉する。行政や実務の専門家だけではなく，あらゆる人々が日常的に交渉を行っている。交渉の要素とその過程は，それが個人の交渉でも，国家の交渉であっても，基本的には同じである。

　交渉者は，交渉主体と交渉代理人とからなっている。例えば，労働組合で考えると組合自体が交渉主体である。この主体の代表が実際に交渉する。これが交渉代理人である。この交渉主体とその交渉代理人との交渉を対内交渉という。一方，相手側の交渉代理人と当方の交渉代理人間の交渉を，対外交渉という。代理人のエネルギー配分は，対内交渉が7なら，対外交渉は3といわれている。また代理人の機能としては，盾の機能，防波堤としての役割がある。

図4-2　交渉主体と交渉代理人

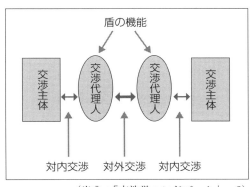

（出典：「交渉学ハンドブック」p.3）

連合・提携（coalition）
　交渉は二人以上の交渉者間で行われる。二人の間の交渉を二者間交渉，三人の間での交渉を三者間交渉，さらに多人数間の交渉を多者間交渉という。三人以上の交渉者がいる場合には，二者間交渉にはない特徴として連合・提携がある。

111

Part 4　共感が影響する意思決定：相互依存関係を扱う交渉理論

2章　交渉学の7つの視点

　交渉の問題は，大きく分けて二つある。一つは交渉の実質的な問題であり，もう一つは人に関する問題である。交渉の実質的な問題とは，利害，オプション，代替案，正当性に関するものである。一方人に関する問題は，コミュニケーション，相互関係に関するものである。そして，双方に関係するものとして，落とし所がある。

　交渉者が論理的に交渉の実質的な問題を検討した結果，交渉者間で意見の相違が発生する。この問題を解決するために交渉が行われる。交渉では交渉者は人には穏やかに接し，交渉の実質的な問題には厳しくするべきである。それにより問題が困難であっても，人間関係までこじらせることなく，交渉することができるからである。つまり交渉分析では，交渉の実質的な問題と「人」に関する問題を切り離し，それぞれの要素を明確にし，対応策を考えることが鍵となる。

図4-3　交渉学の7つの視点

1　利害，関心事項（Interest）
2　オプション（Option）
3　代替案（Alternative）
4　正当性（Legitimacy）
5　意見交換（Communication）
6　相互関係（Relationship）
7　落し所（Commitment）

（Fisher Ury and Patton[11]に基づき作成）

112

1. 利害，関心事項（Interest）

　自分と相手の利害が対立しているから，交渉を行う。その場合には，双方の提案は立場・見解（positions）に基づくものか，それとも関心事項（interest）に基づくものなのかを明らかにする必要がある。つまり，提案内容は目的のための手段なのか，それとも目的そのものなのかということである。異なる手段で，当初の目的を達成する方法を共同で検討していくことが，交渉過程ともいえる。

　共同事業で収益の100を分ける交渉を考えてみたい。例えばAの取り分が30なら，Bの取り分は70となる。もしAの取り分を増やすなら，Bの取り分は減ることになる。このような交渉が競争型交渉（competitive negotiation）であり，増減分の合計がゼロとなるので，ゼロ・サム（zero-sum）型交渉ともいわれている。

図4-4　ゼロ・サム型交渉：1次元空間

（著者作成）

　では，ゼロ・サム型でない交渉にするためにはどうしたらよいだろうか。

　そのためには，両者の取り分の合計をゼロではなく，プラスにする，つまりノン・ゼロ・サム（non-zero-sum）型交渉として，問題を捉え直す必要がある。このような協創型交渉（collaborative negotiation）にするためには，対立しているかに思える利害の本質を，相互に理解しようとする姿勢が必要になる。

　販売価格をめぐる交渉は，ゼロ・サム型交渉である。それをノン・ゼロ・サム型交渉にするためには，次のような解決策が考えられる。例えば販売価格を割引くかわりに，現金での支払いにする。あるいは，販売価格は割り引かない

Part 4　共感が影響する意思決定：相互依存関係を扱う交渉理論

が，分割払いにするなどである。

　別の事例として，一個のオレンジを二人の姉妹で分ける場合を考えたい。どちらもオレンジが一個分必要だと主張している。では，どのように分けたら，双方が100％満足するだろうか。

　この場合の解決策としては，二人で公平に分ける，あるいは力関係に従ってある割合で分ける，という解決策も考えられる。しかし，これではどちらも100％満足することはできない。

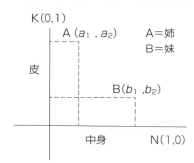

図4-5　ノン・ゼロ・サム型交渉：2次元空間

（出典：「交渉アナリスト2級通信講座2」p. 21）

　ノン・ゼロサム型交渉としてとらえ直すことにより，双方がオレンジを丸ごと一個手に入れる解決方法となる。横軸が中身，縦軸が皮を示し，AとBをそれぞれ姉と妹とする。A (a_1, a_2) は，姉Aが中身をa_1，皮をa_2とる座標とする。Nは中身1個分，Kは皮1個分の点とする。姉が最高に希望する点はKであり，点Aが点Kに行くことを望んでいる。同様に，妹が最高に希望するのは，点Bが点Nに達することである。

　交渉を高次元空間で捉えることは，交渉者によって異なる欲求を明確にすることになり，ギブ・アンド・テイクが行われ，妥結しやすくなる。分割方法を1次元から高次元空間へと広げることが，交渉を解決するための鍵となる。そ

114

2章　交渉学の7つの視点

のためには，相手との間に互いに本心を語れる関係を構築するプロセスが重要
になる。

2．オプション（Options）

オプションのない交渉では，提案に全面的に合意するかしないかだけの選択
肢しかないために，交渉者は合意するのが難しい。それに対して，オプション
として全面合意案の他にも幾つかの項目別に合意する案が提案されていれば，
交渉者は合意しやすくなる。交渉者は提案全体に関してではなく，オプション
ごとに交渉し，できる限り最適な決定をすることができるからである。

図4-6　労働契約交渉：労働組合 対 理事会

提　案　の　仕　方		回答	交渉結果
勤務時間に関する全要求に対して合意を求める		反対	決裂
勤務時間に関するオプションごとに提案	A　介護に携わる人を考慮した休暇	賛成	部分的に賛成し妥結
	B　妊娠している場合の勤務時間配慮	賛成	
	C　フレックス勤務の許可	反対	

（著者作成）

一つの提案ではなく，複数の提案がなされていれば，Aに関しては反対だが，
BとCに関しては賛成，というようにオプションごとに回答することができる。
このように小さな合意を積み重ねることにより，交渉が早く妥結することがで
きる。

交渉に先立ち，オプションの中での優先順位を決定しておくことも重要であ
る。さらに，各利害関係者の優先順位を予測することも効果的である。同時に，
交渉相手が適切と考える交渉プロセスを見落としていないことを確認すること
も必要である。交渉内容には賛成しているが，そのプロセスに問題を感じたた
めに合意できない場合もある。

115

Part 4　共感が影響する意思決定：相互依存関係を扱う交渉理論

３．代　替　案（Alternatives）

　交渉が合意に達しなかった場合に，交渉者自身だけで何をできるかにより交渉能力の大部分が決まる。つまり目前の交渉が決裂したときの対策を強化しておくことで，交渉が合意しない場合の損害を最小限にすることができる。このような対策案をBATNA（Best Alternative To a Negotiated Agreement）という。BATNAを明確にした時点で，交渉を決裂させるよりも合意したほうが好ましいということが双方にとり明確になる。これにより双方の交渉者は，より真剣に交渉合意に向けて努力をすることになる。

　よくある誤解は，BATNAがあるということを，この交渉をするよりも，他にもっといい手があると考えることである。その間違った考え方の例が，問題先送り型BATNAである。それは，相手に対して，「相手の対策案は相手が考えるほど有利ではないことを知らせる」という考え方である。これは，いわゆる脅し（threat）である。このような交渉では，合意が魅力的なのではなく，合意しない方が魅力が無かったから，仕方なく相手が合意することになる。合意により双方の一致しない点を扱うのがたやすくなったわけでなく，単なる問題の先送りに過ぎない。

　では　望ましいBATNAとはどのようなものだろうか。それは相手を傷つけたり，脅しても意味はないと知ったうえで，ある範囲で合意できなければ，こちらは交渉を止めてもいいのだと，正直に相手に明かすことである。

　BATNAが大切なのは，相手を脅して従わせるためでなく，自分自身の相手に対する依存度を低くするためである。当然だが，相手に依存していないなら，交渉する必要はない。少しでも相手に依存しているから交渉する必要がでてくる。依存度が低いほど，交渉では強い態度に出ることができる。しかしあくまで，依存しているから交渉をする必要があるのであり，相手を懲らしめるためにBATNAを用いるのは間違いである。

116

4. 正 当 性 (Legitimacy)

　交渉では，交渉相手は正当な扱いを受けたいと考えている。したがって交渉者は自分の提案の意図を，なぜそのように考えることが正当なのかを明確に説明する必要がある。双方の交渉者にとって正当であると考えられる基準は，交渉ごとの基準でなく，第三者的な外部の基準である。

　例えば法律では，個別の事件ごとに判断をせず，全ての事件で共通して前例を重視する。これにより，ある程度正当な判断であることを保証している。ただし権力や法秩序には，話し合いの余地がないと言う意味で，ある種の暴力性があると言える。それを避けるために，交渉が選ばれる。法の遵守には話し合いの余地はないが，交渉なら，第三者が決定し双方が正当と認めるルールを運用する際にも，双方の個別の事情を考慮して，双方の合意の下で，その交渉に適切な運用方法を決定できる。

図4-7　正当性と交渉力

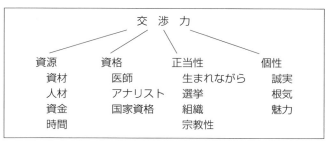

（出典：「交渉アナリスト2級通信講座3」p.30を参考に筆者作成）

　また，正当な提案をするということと同様で重視されるものに決定過程の正当性がある。

　忘れがちな正当な利益には，次のようなものもある。それは，自分が利益を追求する権利があるように，相手にも利益を追求する権利があるということである。

5. コミュニケーション（Communication）

　交渉は勝負ではない。交渉は問題解決を行うための共同作業である。もし勝負であれば、敗者は交渉合意を強制されることになる。労働争議、武力抗争、軍事行動の歴史は、強制では何の合意も得られないことを多々証明している。共同作業では、自分がどう発言するかばかりでなく、交渉者相手の発言内容を誤解しない努力が必要である。そのために、相手の立場（position）を考慮し、発言された言葉そのものではなく、発言の真意を推測することが大切になってくる。

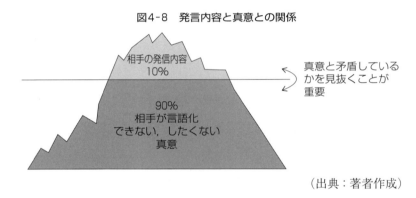

図4-8　発言内容と真意との関係

（出典：著者作成）

「私は」メッセージ（I-message）と「あなたは」メッセージ（You-message）

　自分の意見を主張する際に、主語を「私」にするか「あなた」にするかで、どのような違いがあるだろうか。

　例えば予定時刻に来なかった相手の行動に対して、後で話をする場面を想定してみる。「あなたは」を主語にする文章と、「私は」を主語にする文章を、それぞれ考えてみる。
　文章を「私は」で始めると、「来なくて心配した」と自分の気持ちを述べや

すい。それに対して「あなたは」で始めた場合，「なぜ来なかったのか」と相手の行動を非難する文章が思いつきやすい。

鏡の理論

例えば二人の人物，A（自分）とBがいるとする。二人は互いにいい印象は持っていない時，Aの立場ではどうしたらいいだろうか。

ヒントとして，人の態度は鏡であるという考え方がある。では，だれの態度が誰の鏡なのだろうか。

鏡の理論では，人は相手の中に自分の鏡を持っていると考える。Bが態度を変えたら，自分も変える，と思っていたのでは，相手の態度が変わる可能性は少ない。何故なら，相手はこちらの態度を映した鏡だからだ。そこでAが先に態度を変えることが必要になる。それにより，相手も態度を変える可能性がでてくる。

第三者（mediator）による対立解消

交渉当事者が誤解や不信を与えないような行動がとれなくなった場合には第三者の介入が必要になる。それにより非生産的な緊張感や敵意を和らげ，交渉者双方が前向きに行動するきっかけを提供することができる。

6．相互関係（Relationship）

よくある，つまり交渉におけるとても人間的なミスは，交渉者と交渉内容を混同することである。自分の好みでない交渉者との交渉，あるいは険悪な雰囲気での交渉では，交渉相手はこちらに対して悪意をもっていて不公平な提案をしてくると考えがちである。これに対して，交渉者双方が相手に対して好感を持っているときには，互いに譲り合い，理不尽な要求をせず，相手の立場に立って考える。つまり交渉における相互関係を，良いものにしようと意図的に努力することが，より満足できる交渉合意につながっていくのである。

Part 4　共感が影響する意思決定：相互依存関係を扱う交渉理論

図4-9　バランス理論

（出典：「意思決定科学」p. 216 図10-3）

　相互関係に関する理論としては，ハイダー（Haider F.）のBalance Theory（認知的均衡理論）がある。良好な関係を＋（プラス），好意的でない関係を－（マイナス）で表す。また関係は，－が偶数個または0個の時に安定する。

　例えば交渉者A，Bがいて，いま初対面であるため関係は－である。会話をするうちに，共通の知人Cがいるとわかった。さらに交渉者A，Cと交渉者B，Cの関係は，共に＋と判明した。こうなると－だった交渉者A，Bの関係は，二つの＋が加わったために，＋に変化する。もしまったく逆にCが共通に－関係であっても，安定するためには0，つまり交渉者A，Bの関係は＋に変化する。つまり交渉では，共通の＋または－関係を探すことが有効である。

90－10の原理

　最初はなかなか交渉が進まず，予定した交渉期間の9割が経過してしまう。しかし，そのころから，急に相手が合意するようになり，残りの10％の時間で，交渉の90％が合意に至る。このような交渉の進み方を90－10の原理という。では，最初の9割の時間には，何が行われていたのだろうか。

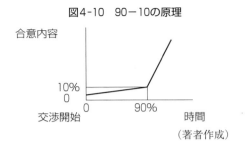

図4-10　90－10の原理
（著者作成）

　相手の提案に対して賛成するということは，相手の実行能力を信頼しているということになる。そのためには，相手は信頼するに値すると確信できる必要がある。つまり交渉が開始されてからは，まず交渉相手が信頼できるかを確認するために時間が必要であり，もし相手が信頼できると判断したならば，詳細に関しては相手を信頼して相手に任せるために，後半では交渉がスムーズに進むことがある。

7．落とし所（Commitment）

　交渉を開始した時点で落とし所が決定したことになる。例えば実質5ドルの取引がある。アメリカでは100ドルから，中東では250ドルから交渉がスタートするといわれている。つまりアメリカでは100ドルを5ドルにする，中東では250ドルを5ドルにする過程が交渉なのである。ここで共通しているのは，交渉開始から落とし所までの距離を縮めることが交渉であるという点である。つまり落とし所とは，交渉当初に定めた，積極的かつ具体的に交渉合意にむけて努力する目標地点という意味である。

　交渉分析には，交渉内容と人に関する問題とを明確に分析することに加えて，いかに交渉の落とし所に到達するか，不満に対してどう対処するか，合意内容を現実に実行するために何が必要かといった交渉全体を把握し対策をとることも含まれる。より満足できる交渉結果にするためには，交渉開始から交渉合意，そして交渉合意の実行までが円滑に行われるように，常に交渉状況を交渉者双方が明確に把握しているかを確認し，必要なら規則を決めるといった交渉の落

Part 4　共感が影響する意思決定：相互依存関係を扱う交渉理論

とし所へ向けての環境づくりに積極的に参加することが重要である。

図4-11　妥　結　点

（出典：「交渉アナリスト2級通信講座2」p. 13）

　日本で交渉の妥結点を考える場合，出発点（Initial Point）の中点近くで妥結することが多い。

　例えばAは30万円で買いたいといい，Bは90万円で売りたいという。この場合の妥結点は，

　　$(30 + 90) / 2 = 120 / 2 = 60$

60万円の近くになることが多い。

　以下に示すのは，交渉をこれらの視点から分析した事例[12]である。

7つの視点による交渉事例分析

（『交渉学から見た就職活動』）

1．はじめに……就職活動は交渉である

　日本経済の不況の影響で，就職状況は今年もお寒いようである。自分の能力が活かせる仕事，給料のいい仕事，あるいは将来性のある仕事に就きたいと希望するベビーブーム末期の学生と，こういう時期だからこそ有能な人材を少しだけ欲しいとする企業では，どうしても学生のほうが立場が弱くなってしまいがちである。「就職活動」という言葉だけをみても，学生だけが必死になって活動しなければならないイメージがある。

　しかし，就職活動は企業の側にとっても有能な人材を確保するための重要な

活動である。したがって本来ならば，学生側と企業側は対等な立場でそれぞれの要求を満足させるように活動するべきである。学生が自分を安売りする必要もないし，逆に企業が高圧的な態度でのぞむというのも正常な活動ではない。こうした点から就職活動を見ると，就職活動は学生と企業の交渉であるとみなすことが可能であるし，そうすることがお互いが対等な立場で話し合いをするためには望ましい。つまり，就職活動は交渉なのである。

　交渉するにあたって準備が非常に重要であるということは，交渉学を学ぶ者にとっては常識であろう。同様に，これから就職活動をしようという学生にとっては，遅くとも就職しようとする年の一年前には活動を始めるのが常識となっている。先輩方や就職課の職員の方々も，「早めは早めに準備をしたほうがいい」というアドバイスをしてくださるが，それでは具体的に何をすればいいのか。このペーパーでは就職活動を交渉のとみなし，交渉準備の７つの要素を使ってより効率的な準備をするにはどうすればいいかを調べる。

２．就職活動における７つの準備

２．１　interests

　まずは，自分の利益ならびに相手の利益を知ることが必要である。両方の利益を考えて，「win-win negotiation」になるようにすることが交渉成功の秘訣である。就職活動の場合には，まずは「自己分析」で自分を知ることが必要になる。自分という「商品」の特徴をきちんと押さえるということはもちろん，業種，企業，職種をしぼっていく上でも，自分のやりたいこと，性格，適正がその選択基準となっていく。自分はどんな業種に向いているのか，そして何をやりたいのかなどを考えるために必要なのが自己分析である。今までの自分のことを客観的に深く考えるために，具体的には，過去の自分（熱中していたこと，勉強，クラブ・サークル，あそび，友人・恋愛など），現在の自分（長所・短所，得意科目，趣味・特技，好きなこと，信条・モットーなど），将来の自分（目標理想ライフプラン，働き方，こだわりなど）を書き出してみることが有効であろう。こうした作業は自分の評価だけでなく，第三者の意見を聞

くとより客観的な自分がわかる。

　次に相手の，つまり企業の分析である。就職活動の世界では「業界・企業研究」といわれるものである。自己分析によって自分の「やりたいこと」「好きなこと」「適正」などが明確になったら，まずは「やりたいこと」ができそうな業界・企業は何かという視点で研究を進める。なぜその業界・企業か，そこで具体的にやりたいことは何か，どのように貢献できるか，企業間の格差は何かということを念頭に置きつつ，マクロ的視点（業界・企業の現状．課題今後の展望，具体的な商品サービスなど）とミクロ的視点（仕事の内容，1週間・1日のスケジュール，面白さ・難しさ，キャリアプランなど）を分析していく。

　さらに，その業界・企業は何を望んでいるか，もし自分がそこの人事であったらどのような人材を求めるかということを考えていくと，その業界での自分の向き・不向きが見えてくるであろう。

2.2　options（strategy）

　自己分析と業界研究の結果ある程度業界・企業がしぼり込めたとしよう。どのような条件ならば自分はそこで仕事を得たいと思うか，自分が希望する最高の条件は何か，逆にどこまでならば譲れるかを考える。また，企業の立場になったら，一番欲しい人材は何か，逆にどこまでが許容範囲なのかを考える。例えば，ある企業は大学院卒は基本的に採用対象外であるが，どうしてもという場合には大学卒としてならば採用を考えるという条件であるとする。しかしそこでの仕事内容は自分の能力が十分発揮できそうなものである。どうするか。もう一つの例として，ある企業では総合職に就くと残業が多いうえにいつ転勤になるかわからない。一般職ならば仕事の内容はあまり責任のあるものではなくなってしまうが，毎日の生活は安定しそうである。さあどうする。

　つまり，就職活動におけるoptionとは，ある業界・企業で働く場合の長所と短所を天秤に掛けることである。また，企業の立場になって考え，自分を採った場合の損得を天秤に掛けることも必要である。自分を採用した場合の損は考えにくいかもしれないが，逆に「自分をとらなきゃ絶対損！」と思わせるほどにアピールするものは自分にあるのかということを考えることは重要である。

2章　交渉学の7つの視点

2.3　alternatives（threat）

　実際の就職活動においては，学生側からoptionを提示できるチャンスはあまりないであろう。学生の立場としては求人に対して応募するかしないか，企業側としては採用するかしないかの二者択一の状況がほとんどであろう。したがって，本来はある企業の求人に応募したと想定して，その企業と自分との関係（交渉）においてどのような選択肢があるかと考えるよりも，その求人に応募するか，あるいは応募した後でもその企業への活動を続けるかどうかという選択を考えるほうが有効であるかもしれない。

　そこで考えたいのがBATNA（Best Alternative To a Negotiated Agreement）である。ここまでは妥協できるがこれ以上はできないとボトム・ラインをもつことである。ただ感情的に妥協点を決めるのではなく，第一希望の企業が実際には自分の希望とはかけ離れたものであった場合に，かなり妥協してでもその企業で仕事を得ることと，別の企業での可能性と比べた場合に，後者のほうが自分の利益になるという具体的な妥協点を用意しなくてはならない。BATNAを持つことによって，自分を無理に安売りすることを避けることができるだけでなく，別の可能性を広げることができる。

2.4　legitimacy（justice）

　自分と自分の希望する企業とがお互いにフェアであると納得のいく基準を持っているかどうかも，就職活動の成功を左右する。例えば，外資系の企業は一般的に実力主義であり，日本の企業は年功序列型で終身雇用制であるとよくいわれる。どちらの制度もそれぞれの国の文化を背景として制度化されたものである。こうしたことはあくまでも前提であり，交渉してどうなるというものではないであろう。したがって，会社を選ぶときは，その会社の方針や社風などが自分と合うかということも重要な要素になってくる。

2.5　communication

　就職活動において，企業とのコミュニケーションは，まずはハガキなどでの資料請求から始まる。学生の側で気を付けなくてはいけないことは，社会人への第一歩としてきちんとした言葉遣いができるかである。さらには，限られた

125

Part 4　共感が影響する意思決定：相互依存関係を扱う交渉理論

スペースで自分をアピールし，自分がどれだけその企業に興味があるかということを印象づけなくてはならない。企業の側は，近年の売り手市場で学生に対する企業の態度の冷たさが目立つが，学生の資料請求に対しては誠実に応えるべきであろう。

　その次の段階としては，OB・OG訪問やセミナー参加，あるいはリクルーターとの接触などがあるが，ここでも言葉の使い方には気を付けなくてはいけないというのは当然として，さらには何を言うべきか，言わないべきかということを事前に検討することが必要になる。特に学生の側は，何を質問するべきか，どこまでなら失礼にならないか，相手は自分について何を質問してくるか，どのようにすれば印象的な自己PRをすることができるかなどをきちんと整理して本番に臨みたい。

2.6　relations（union）

　企業からの人と直接会う段階になったら，その人とよい関係を構築することが大切である。就職体験談などでよく耳にするのは，「人事の人と仲良くなった」ということである。採用する側とされる側という関係だけでなく，人と人としてお互いに興味を持つことが重要である。逆に言えば，将来一緒に働きたくないような人事であったら，それはその企業への就職を再考する一つの要素となるであろう。

2.7　commitment（engagement）

　commitmentは俗に言えば「落とし所」ということになるのだが，先に述べたように，就職活動においては，特に学生の場合は企業との妥協可能な点を探るというよりは，企業側による採用するかしないかの二者択一に身を任せるしかない。したがって，実際に面接などの段階に入った場合には，学生の側としてできることといえば，精いっぱい自分をアピールすることくらいしかないであろう。そうしたうえで採用された場合には「運も実力のうち」と考えることもできるし，反対に採用されなかった場合には「縁がなかった」というだけのことである。あきらめて別のチャンスを狙うしかないであろう。

126

2章　交渉学の7つの視点

3.　終わりに……就職活動を有利に進めよう

　「就職活動は交渉である」とは言ってみたものの，細かく見ていくとどうしても企業側が有利に思えてしまう。しかし，巨視的に見た場合，就職活動は，まず自分を知り，相手を知り，その上で自分を上手に相手にアピールしてチャンスを得るという交渉過程である。あまり必死になりすぎて，何としてでも仕事にありつかなくてはという態度では，どうしても学生側が不利になってしまう。もう少し肩の力を抜いて，自分に自信を持って，ゲーム感覚で就職活動を進めたほうが，少なくとも気持ちの面だけでも主導権を握ることができるのではないだろうか。そういう私もこの春は就職活動で忙しくなりそうである。準備をしっかりして，自分に有利な就職活動をしたいものである。

Part 4　共感が影響する意思決定：相互依存関係を扱う交渉理論

3章　交渉の戦略

　交渉についての多くの著者−特に「ハーバード流交渉術」で有名なフィッシャー（Fisher, R.）や，ユーリ（Ury, W.L.）は，統合型合意を達成するための鍵は，互いの利害に到達する交渉者の手腕であると強調している。利害というのは，立場とは異なる。つまり利害は，その交渉者が現在の立場を取るに至る背景に潜んでいる交渉者の関心事や，要求，望み，あるいは，恐れであるという点で，立場とは異なる。2人の著者は，交渉者が互いの特定の立場を満足させることは難しいかもしれないが，当面の利害関係に関する理解を深めることによって，交渉者の利害に合致する解決策を見つけだせるかもしれないとしている。そこで，当面の利害をどのように理解するかが，効果的な統合型交渉への決定要因となるのである。フイッシャー，ユーリとパットン（Patton, B.）によって唱えられた例は，利害と立場との間の相違についての本質を明らかにしている。

事例

　図書館で2人の男が口論をしているのを想像してみよう。1人は窓を開けて欲しいと思い，もう1人は閉めて欲しいと思っている。2人はどれ位開けるかで，言い合いをしている。どの解決策も2人を満足させていない。

（出典：「交渉学教科書」p.85を参考に著者作成）

　著者達が指摘するには，これは立場を巡って交渉してしまい，目先の利害について理解することを忘れてしまうという古典的な例である。彼等の立場は，「窓を開ける」と「窓を閉める」である。もし彼等が，各々の立場について交

128

渉を続けるなら，考えられる結果としては，窓を開けたい方の勝利か，閉めたい方の勝利か，それともどちらも望む方を得られない何らかの形での和解という方法である。ここでの和解とは，交渉者双方にとって，win-win型と言うよりはwin-lose型である。なぜなら一方は，窓を半分開けたのでは充分な空気が入らないだろうと信じており，他方は少しでも開いていれば風が入ってしまうので敗北と見るからである。

図書館員の質問は，なぜ各々が窓を開けたいのか，あるいは閉めたいのかに焦点を当てることによって論争を一変させる。これらの利害を理解することで，図書館員は両者の利害に合う解決法を発見することができたのである。それは，彼等が各々の立場を巡って口論し続けるなら絶対に到達し得ない解決策だった。

解決例

1人の図書館員が入ってきた。彼女は，1人になぜ窓を開けたいのかを尋ねた。すると，「新鮮な空気を入れたいので。」と答えた。彼女はもう1人になぜ閉めておきたいのかを尋ねた。すると，「風を避けたいので。」と答えた。少し考えた後，彼女は隣りの部屋の窓を広く開けて，風を入れずに新鮮な空気を入れることにした。

図4-12　交渉戦略の選択

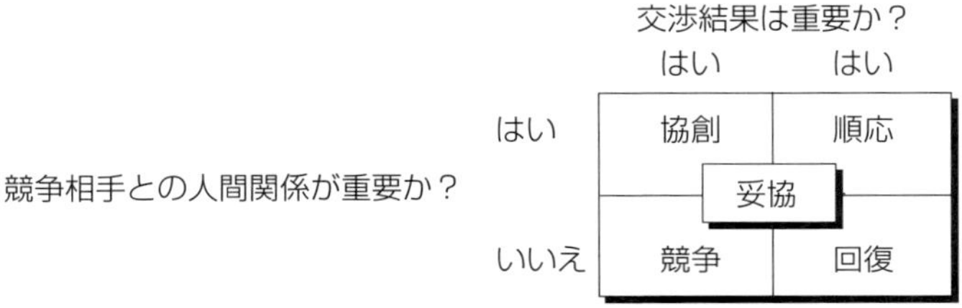

（出典：「交渉学教科書」p. 118 図4.3）

回避戦略（Avoidance）とは，交渉結果と，人間関係の両方があまり重要でない場合の選択肢である。回避は交渉ではない，という定義もある。しかし，交渉の目的の中には，この戦略で達成されるものもある。

Part 4　共感が影響する意思決定：相互依存関係を扱う交渉理論

　競争戦略（Competition）は，交渉合意により，大きな利益がある交渉での選択肢である。この場合，取引きし，交渉に勝ち，交渉相手との関係にはほとんど配慮しない。競争は，分配的，あるいはwin-lose型の交渉としても知られている。

　順応戦略（Accommodation）とは，交渉相手との関係が，利害に大きく影響してくる場合の選択肢である。この戦略では，交渉相手との友好関係を，維持したり強めたりする。順応は競争のちょうど反対であるが，win-lose型の戦略という点では同じである。交渉結果は競争と同様に，どちらかに偏っている。つまり，競争の「私の勝ち，相手の負け」とは反対に，「私の負け，相手の勝ち」となる。たいがいの場合，取引きの目的が相手との関係構築，あるいは関係強化にあるときに，順応が行われる。

　妥協戦略（Compromise）は，双方の交渉者の要求と利害のバランスを考えた選択肢である。そのため，相手と自分の中間を落とし所と考える。妥協は，win-win型という対応だと考えられている。しかし，実はwin-lose型であることに気付くことには意味がある。双方の中間点での合意とは，「私の勝ち」と「相手の勝ち」の中間である。妥協は，よく協創と間違えられる。協創とは，真に相互の利益を考えた，創造的な解決策である。交渉者が妥協を選択するのは，妥協が容易だからであり，交渉者は交渉過程をあまり良く考えていないということを知っておくべきである。

　協創（Collaboration）は，交渉結果と交渉相手との関係の両方が重要な場合の，そして実際に好ましい選択肢である。この場合，交渉者は協創的，統合的，あるいはwin-win型といわれる戦略を取る。非常に多くの場合に，協創と妥協が混同されている。真の協創では，徹底した十分な準備と実行が行われる。「違いを分け合う」だけでなく，協創的交渉者は意思の疎通をよくし，創造性を発揮し，協創して利益を最大にする合意を形成しようとする。

130

3章　交渉の戦略

事例　休暇の過ごし方

　ある夫妻のゴールデンウイークの過ごし方が問題となっている。夫は登山に行きたいといい，妻は海でヨットをしたいという。また，夫婦は一緒に行動したいと考えている。夫は山，妻は海へと勝手に行くことは考えていない。では，どんな解決方法があるだろうか。

(出典：「交渉学教科書」p.2 を参考に著者作成)

夫の視点からの解決方法

競争（利己的方法）
夫は自分の要求を通し，一緒に山へ行く方法。

順応（利他的方法）
夫は自分の欲求を否定し，妻の欲求にしたがって，海でヨットに乗る方法。

協創（問題解決）
夫は自分の欲求を満たしながらも，妻も欲求を満たせる方法がないかを見出す。例えば，山地の湖でヨットに乗る，あるいは海上の島の山に登るなど。

回避（冷淡）
せっかくのゴールデンウイークだが，やる気を失い，家で過ごす方法。

　協創的解決をするためには，次のような視点が有効である。

争点を調整する

　休暇の計画では行き先だけでなく，宿泊施設についても対立しているとする。
　例えば山に行きたいのは，山の景色を見たいからなのか，それとも静かな環境を求めてなのかをまず明らかにする必要がある。つまり，あこがれる宿泊施

131

Part 4　共感が影響する意思決定：相互依存関係を扱う交渉理論

設が山にあるから，山へ行きたいのなら，行先が山か海かはあまり重要でないことが明らかになる。それにより，重要な争点に絞って調整する，つまり，宿泊施設はこちらの希望を通し，行先は相手が希望する場所にするという解決方法である。

別の代償を利用する

　片方に利益を与える代わりに，もう片方には代償を与えるという解決方法もある。

　例えば，こちらが希望する山へ行くことにする。その代わり，当初予定していたホテルではなく，相手が希望するタイプのホテルに変更し，その場合のスケジュール変更，あるいは差額の支払いはこちらが負担するという解決方法である。

犠牲をなくす

　相手の犠牲や悩みを最小限にすることに焦点を合わせて解決する試みである。そのためには，相手の真の要求，選好，相手の利害などに関してかなり精通する必要がある。

　例えば話し合いを続けることにより，どうやら相手が山を嫌う理由は，観光客で混雑していればストレスになるだけだと考えているということがわかったとする。そうであれば，観光客が少ない山を提案すれば，相手は合意する可能性がある。

132

3章　交渉の戦略

図4-13　協創的対立解決の過程

1　個人で行う熟考と計画

表と裏の争点を明らかにする
態度の奥にある関心を明らかにする
話し合いを行うのに望ましい環境を整える

2　相手と一緒に行う問題解決

1）論調を設定する
2）問題を定義しそれについて議論する
3）進展をまとめる
4）解決へ向けての代替案を模索する
5）事後調整（注：folloW-up フォローアップ）の時間を設定する

正式な交渉

第三者が介在する対立解決

（出典：「交渉学ハンドブック」p. 66　表2　協創的対立解決の過程）

133

Part 4　共感が影響する意思決定：相互依存関係を扱う交渉理論

4章　交渉決裂への対処

　これまでにも何度か述べた通り，交渉は対立管理である。そして，どんな対立にも解消の望みはある。対立状況とは，次のような状況である。交渉当事者たちが怒り，自分たちの立場に固執する。正しい認識ができなくなり，判断に偏りが出る。意思疎通がうまくいかなくなり，相手を非難したり責めたりする。相手の交渉様式のせいで合意に至ることができないのだと思う。どちらも合意が可能な中間地点を見付け出そうとしない。対立のせいで交渉がぶちこわしになる。どちらももうそれ以上先へは進めなくなってしまう。

交渉者の知覚を邪魔するもの

　知覚する側が用いる，願望，動機，個人の経験は，これから行う交渉の相手についての先入観を作り出す。この先入観は知覚とその後の意思疎通を阻害し，認識の誤りを引き起こし，実に厄介なものになってくる。よく見られる知覚の誤りは，定型化，光背効果，選択的知覚，投映，知覚防衛の5つである。

図4-14　交渉者の知覚を邪魔するもの

① 定型化（Stereotyping）
② 光背効果（Halo Effect）
③ 選択的知覚（Selective Perception）
④ 投映（Projection）
⑤ 知覚防衛（Perceptual Defence）

（出典：「交渉学教科書」p.170を参考に著者作成）

① 定型化は一般的な知覚の過ちだ。これは，相手のある特性の原因を，その相手が属している特定の社会的，あるいは年齢・性別・民族など個人が属す

134

るあらゆる集団と結び付けて納得してしまうことである。相手が若いとか年をとっているとか，たった1つ情報を知覚すると，それだけを根拠にその個人と特定の集団を結び付け，その集団の他の人々の特徴をその個人とも結び付けてしまう。例えば，「この人は年をとっている」，「年をとっている人は保守的だ」，「だからこの人は保守的だ」である。

この結論の根拠となる事実は何もない。ある集団の特性を一般化することによって出した結論だ。そしてある性質を自分で連想した分類からこの個人に当てはめて考えてしまい，そこに知覚の過ちが生じている。何らかの基準を使って人を分類するという単純なことで，たとえその基準が根拠のないものであってもその集団の仲間は，自分たちのことは「こちら（私たち）」，そして別の集団のことは「むこう（彼ら）」と言いだし，比較して評価したり，判断したりするようになる。集団間で直接行われる，利益の取り合いや，価値観や思想形態の対立は，際立った定型化を助長する。

②　認知における光背効果は，定型化に似ている。属している集団によって相手を分類するのではなく，たった1つの特徴を他の様々な特徴と結び付けて一般化するのが光背効果である。例えば，必ずしも笑顔と誠実さの間に関係があるわけではないのに，にこにこしている人を，しかめっ面や陰気な顔をしている人より誠実だと思ってしまう。ある面において相手についてほとんどなにも知らないため，前後関係から分かっていることを頼りにその相手に関して一般化するとき，逆に相手をよく知っているとき，あるいは相手に対する判断に道徳が大きく影響しているとき，知覚側面で光背効果が最も起こりやすくなる。

交渉において光背効果は定型化と同じくらいよく見られる。外見や属している集団や最初の発言など，最初に得られたほんのわずかな情報をもとに，新しい相手の印象を素早く作り上げてしまう。そしてこの印象は相手をよく知ってからも変わらない。たとえその像を否定したり，くつがえしたりするような情報が後になって出てきても，新しい情報はその一つ一つをこれまで

Part 4 共感が影響する意思決定：相互依存関係を扱う交渉理論

の印象の変化に対抗するような，そしてその印象に矛盾しないような形に変えてしまう。

③　知覚する側がそれまで信じていたことを裏付けたり，強化したりする情報を選びだし，そうでないものははじくことを選択的知覚という。上にも述べた通り，選択的知覚は定型化や光背効果を引き起こす。限られた情報をもとにさっさと個人に関する判断を下してしまい，その判断を否定するような事実が後から出てきてもそれは無視する。知覚する側は最初に相手が微笑むのを目にし，この人は誠実だと思い，相手が競争心旺盛で攻撃的に事を展開しようとしていることを示す発言をしても，無視してしまうかもしれない。

　　もし知覚する側が同じ微笑みを「にやけている」と解釈したら，相手が誠実で協力的な関係を作りたいと言ってきても，その言い分を無視するだろう。どちらの場合でも，知覚する者自身の偏り（微笑みを誠実と受け取るか不誠実と受け取るか）によって相手からの伝達事項をどう選び，どう解釈するかに違いが出てくる。

④　個人が，自分自身の特徴や感情を相手も同じと考えるとき，投映が起こる。投映は，自分自身に対する概念を守らなければならないところから生じてくる。人は自分のことをいい意味で矛盾のない人間だと思いたがっているものだ。だから，もし悪い特性を知覚したときには，それを他の人に投映する。交渉している人が，自分は協力的に事を進め，相手と良い関係を築きたいと望んでいるのに，相手が非協力的で不信感をほのめかすような態度をとると主張をして，自分のごまかしや不正直さを自分自身で認識できなくなることがよくある。このような投映は自己満足の論理や破壊的な態度へとつながる。

⑤　知覚防衛は，自己保存本能の結果だ。自分を脅かしたり，その他何らかの理由で受け入れられないと感じた情報を無視したり正確に理解しなかったりすることで，自分自身を守る。自分が自分自身や相手に対して持っている印

4章　交渉決裂への対処

象に合わない情報は，否定したり，正しく受け取らなかったり，定義し直したりして，それまでに下している判断に沿ったものに変えてしまうことだ。自分の尊敬する人が倫理に反する交渉態度をとったとしても，それを信じようとしない。自分のことは理にかなっていると思っているので，これまでに何か深刻な間違いをしたことがあるなどということは認めないのだ。

交渉相手に対処する方法

協創的でない交渉相手への対処は，次のように考えることが出来る。

図4-15　協創的でない交渉者への対処法

①	反応しない（Don't React）
②	武装解除（Disarm Them）
③	固定観念（Change the Game）
④	感情的につながる（Make It Easy to Say Yes）
⑤	説得力（Persuasive Power）

（出典：「交渉学教科書」p. 163 表5.1を参考にして著者作成）

対応の仕方の段階

① 反応しない（天井さじきから眺める）

「反応しない」ことによって，自然に反応した場合に生じがちな破壊的な結果を避けるようにする。代わりに，「天井さじき」に行く，つまり，相手とのやり取りから心理的に自分を引き離し，観察者となって，改めて相手とのやり取りを見る。それにより，以下のことが容易になる。

・　言い争いや自分の感情から，離れる

・　一息つける場を作り，頭を冷やす

・　状況を全体の中で捉え，大体，自分はどうしてここにいるのか思い出すことができる。

137

Part 4　共感が影響する意思決定：相互依存関係を扱う交渉理論

② 相手に武装解除させる（相手の方へ歩み寄る）

　相手からの反感に対しては，前向きに建設的な意思疎通を図る必要がある。それには，前向き，かつ建設的な意思疎通が重要である。攻撃的態度がなくなることに加え，心が平和になることが最終的な目的となる。

③ 固定観念を正す

　競争心むき出しの交渉の仕方に対しては，交渉者自身が交渉相手に対する固定観念を正す必要がある。

　その際に注意することは，差異を認識したことにより，恐怖心が生じ，それにより自身の行動が決定されていく可能性である。

　差異を扱う際には，次の様な視点も重要である。その一つは，自身の意見とは，「現実を観察した上で構築した前提に基づいている」，つまり主観的であることを認識するということである。同一事象を観察した際に，主観的意見と客観的意見が異なる場合がある。

　また，多数派と少数派の扱いはどのようにしたらよいのだろうか。力による解決，例えば多数決は，どの程度の問題解決になるのだろうか。

　交渉相手とこちらが同一の価値観で要求していたのでは，ゼロ・サム型交渉となる。しかし，相手の優先順位の高い条件と，こちらの優先順位の低い条件を交換できれば，ノン・ゼロ・サム型交渉にすることができる。「パイの大きさは決まっているという思い込み」からは，勝つか負けるか的な競争意識へつながる。

　また，思いやりと思い込みとを混同することにより，対立が生じる可能性もある。

　このような固定観念を乗り越え，共存の可能性を探るためには，相手との

差異に注目することも有効である。例えばオレンジを分割する事例では，当初，オレンジという一つのパイに関する交渉のように思われた。それが，交渉相手とこちらとの優先順位の差異に注目することにより，皮と実という二つのパイに関する交渉へと変換することができ，win‒win型交渉合意へとつなげることができた。つまり交渉可能領域（例えば，ZOPA：Zone of Possible Agreement）は，交渉の開始時点では明らかになっていない場合もある。それを話し合いを通じて創造するプロセスが，双方が満足する交渉合意には必要となる。

図4-16　ZOPA：交渉可能領域

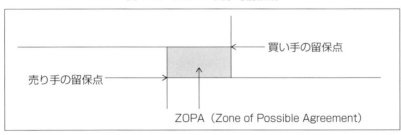

（出典：「交渉アナリスト2級通信講座3」p. 9）

④　感情的につながる

相手から出る反論でもっとも一般的なのは，次の四つである。
1．自分たちの考えではない（つまり，自分たちが考え出したことではない）
2．自分たちの基本的な利益の内，触れられていないものがある
3．面目がつぶれる，あるいは重要な依頼人に対して，株が下がる
4．しなければならない調整が大きすぎる

合意による利益に対する相手の懐疑心に対しては，相手の問題を洗い出し，合意するための作業に一緒に取り組む。その際に，相手の面目を保つことが重要である。

139

Part 4　共感が影響する意思決定：相互依存関係を扱う交渉理論

　聞き手と感情的につながっていれば，相手の気持ちや期待に合わせて説得し，相手の気持ちを動かすことができる。

　例えば部下の努力により業績が伸びている時，さらに業績を伸ばすためには，部下に対してどのような言葉をかけることが有効だろうか。

　自社の業績が悪化する将来を語り，危機感を持たせることが有効だろうか。

　あるいは，まず最初に業績を向上させた部下の努力を誉めるべきだろうか。もし部下が自らの業績に対する感謝と承認を期待しているときに，さらなる貢献を期待すると語ったら，部下はどのような気持ちになるだろうか。

図4-17　相手の本音を推論する仕組み

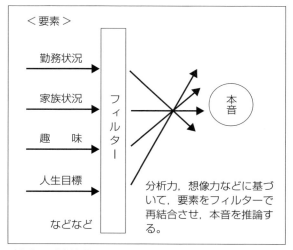

（出典：「交渉学ハンドブック」p. 170　相手の本音を推論する仕組み）

　一つの考え方として，ほめるという視点から考えてみたい。組織をまとめるためには，次の3つの要素が必要になる。
1)　共通の目的（Common Purpose）

2) 協同への意思（Willingness to Co-operate）
3) コミュニケーション（Communication）

　交渉のプロセスでは，協創という共通の目的のために，共に行動する人を創ることが必要になる場合がある。「育てる」はローマ字では「sodateru」と書き，頭文字のsをとると「odateru」「おだてる」になる。「おだてる」を交渉に適切な言い方にするならば，「ほめる」と言い換えてもいい。英語でも，「育てる」は「raise」と書き，これにpをつければ「praise」，つまり「ほめる」になる。

　人に行動を促すためには，相手の心を動かすこと，共同への意思を持ってもらうことが必要になる。そのためには，相手の心に働きかける，つまり相手の心が受け入れられる行動を，こちらが先に見せること，コミュニケーションが重要になる。

　相手が何かをしたらこちらも応じる，という条件付きの態度で待っていては，相手の心は動かせない。こちらから先に相手の承認欲求を満たすことが重要になる。

図4-18　マズローの人間欲求階層説（Maslow's Hierarchy of Needs）

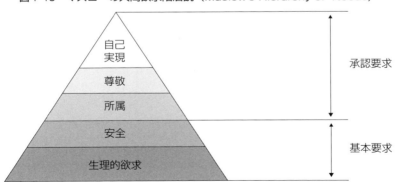

（出典：「交渉アナリスト2級通信講座1」p.64）

Part 4　共感が影響する意思決定：相互依存関係を扱う交渉理論

⑤　説　得　力

　これまでの①から④の経緯を経て，合意を拒否した場合の不利益（BATNA）を明らかにした上で，説得する。

　説得力に関するよくある誤解は，

1)　自分の意見を押し通す

2)　妥協しない

3)　優れた議論をすることを重要視する

というものである。しかし実際には，説得上手な人の印象は，相手に関して寛大で，決して独断的ではないというものだ。それは，相手の意見を聞いて，自分の意見を調整し，その後に説得を始めるからである。

　相手の話を聞くことが大切な理由は，

1)　新しい情報を得ることにより切り札を増やせる

2)　防御せず相手の言い分に耳を傾けることで相手や自身の怒りが鎮まる

3)　聞いているだけなら譲歩したことにならない

からである。相手の話を聞いていると自分が交渉に負けたような気分になるかもしれないが，実際はそれこそが相手に対する説得力となる場合がある。

142

5章　対立に終結はあるのか？

　意見の対立を解決するために，交渉を行う。しかし交渉を進める中で，対立がエスカレートしていくことがある。ここでは，対立がエスカレートしていく過程と，その結果何がもたらされるのかを考えてみたい。

対立（Conflict）の定義

　さまざまな対立の定義があるが，古典的なものとしてはウェブスター辞典では，「戦闘，闘争，もしくは紛争」と定義されてきた。時代とともに対立の定義は，肉体的暴力の意味合いに加えて，より精神的な意味をも含むように変わってきている。例えば，「現在の利害や提案に対する，はっきりした不一致または反対」などがある。また，「利害が対立しているという認識または現時点での希望は同時に達成されることはできないという交渉者の信念」がある。そしてこれに近いものとして，「相容れない目標を持ち，目標達成のために，互いに干渉する，相互依存関係にある人々の相互作用」というものもある。

対立の種類

　対立は，あらゆる所で起きている。対立には，範囲により四つの種類がある。

第1　内面的（Intrapersonal），精神的（Intrapsychic）対立

　交渉者個人の内部でも，対立は起こる。提案，思考，感情，価値観，性質，あるいは対立での互いの圧力，などがもとになって起こる。例えば，とてもアイスクリームを食べたいと思いながらも，それで太ってしまうことは承知している。あるいは，上司に対して腹を立ててはいるが，それを知った上司がこちらを首にするかもしれないので，怒りを正直に表すのは恐い。精神的な対立の

143

Part 4 　共感が影響する意思決定：相互依存関係を扱う交渉理論

領域に関しては，伝統的に心理学の様々な分野で研究されてきた。認知心理学，人格理論，臨床心理学，精神病医学などである。

第2　人間関係（Interpersonal）の対立

第2段階は，交渉者間での対立である。例えば，夫妻，上司と部下，兄弟間の対立などである。

第3　集団内（Intragroup）対立

第3段階は，小さい集団，例えば作業班，委員会，家族，組などでの内部対立である。

第4　集団間（Intergroup）対立

第4段階は，集団間，労使間，国家間，市民団体と行政との間などでみられる対立である。この段階の対立は，複雑である。交渉者の数が増え，それぞれの相互依存関係が関係してくるからである。さらに，集団内と集団間で同時に対立が起こることもある。

対立がエスカレートする過程

図4-19　「対立の段階と打つべき手」

不快感	何かがおかしいと感じるが，自分が気にしなければそれですむと思う。 打つべき手：積極聞きでより多くの情報を得，前向きに自分の懸念を伝える。
誤　解	不快感が増す。問題があるとはっきりわかるが，それが何かわからないので推測する。それに基づいて反応し，不快感を解消しようとする。回避・対決・それらの組み合わせを用いて事態を何とか収めようとする。 打つべき手：話し合いの時間を取り，積極聞きで状況を収める。わたしメッセージを使い，相手を頑なにしないよう気をつけながら自分の懸念を伝える。
出来事	事態はさらに悪化する。傷つくような，敬意を欠いたあるいは脅しのような言動がある。 打つべき手：一対一の問題解決を提案する。話し合う時間を取り，この章の指針に沿って話し合いの準備をする。話し合いの最中には，意思疎通技能をうまく使う。

5章 対立に終結はあるのか？

緊　張	ある出来事によって，事態の緊張が高まる。お互いに敵意を感じ，対立の姿勢を取る。他の人を自分の味方につけようとすることもある。 打つべき手：問題解決はまだ可能で，緊張を解くためにそれが必要となる。一対一の問題解決が困難であれば第三者（調停人）に，間に入って問題解決の促進をはかってもらうよう依頼する。
危　機	通常対立はこの段階で深刻に受け止められる。ここにいたっては，問題を解決するより，相手と闘ったり（対決），相手からできるだけ離れていたい（逃避）と強く感じる感情は強まっている。 打つべき手：理解しあったり損なわれた関係性を修復することは非常に厳しい。問題解決が試みられる前に，何か別の手だてが必要となるだろう。優れた調停人の助けが必要となる。調停人は当事者の双方と個別に時間を取り，問題解決の話し合いの準備をする。この段階における解決には，かなりの時間と労力が必要だということを認識しなければならない。

（注）　「打つべき手」には予防的，早期的，第三者介在的と三つあり，後のものほど
　　　大変である。そしてそれぞれ不快感・誤解の段階（予防），出来事と緊張の段階
　　　（早期），危機の段階（第三者介在）に対応している。
（出典：「交渉学ハンドブック」p. 65 表1　対立の段階と打つべき手）

エスカレートした対立は終結するのか？

　このような対立がエスカレートし，武力での対立に至る場合がある。そして戦争，紛争などは，「和平協定が締結された」という表現で，対立は終結したと，歴史の年表の上には記載される。その年表を見ると，「武力対立は政治的に決着し，人々に以前の生活が戻ったのだろう」という思考が自然とそれに続くことになる。

　では，武力対立が起こった現地の人にとり，「戦いの終結」を感じられるのはどの時点なのだろうか。長い年月が武力対立の被害を無かったものにしてくれるのだろうか。それにより「戦いの終結」の後も，以前の生活に戻れるのだろうか。

　交渉が決裂し，武力対立になった場合に，何が起こるのだろうか。その人の人生にとり，大切な人を失った場合と，そうでない場合とでは，武力対立の終

145

Part 4   共感が影響する意思決定：相互依存関係を扱う交渉理論

結後に違いは出てくるのだろうか。もし違いが出たとして，年月がその違いを
打ち消してくれるのだろうか。

　あるいはもし敗者の側でなく，自分が勝者の側にいるのなら，大切な人を
失った場合でも，停戦後には以前の生活の続きを取り戻せるのだろうか。

　交渉を決裂させ，武力対立に至る道は，多くの人の人生に影響を及ぼす場合
がある。

　なぜ交渉が重要なのか。武力対立は政治的には終結したと表現することがで
きる。しかし，生きている人間にとっては，そうではない場合がある。武力対
立の後に残された現実が，武力対立を選ばずに話し合いによる解決の重要性，
つまりは日常生活を維持するための交渉の重要性を示している。

146

6章　交渉の利害関係者とは？

　ある対立問題を考える際には，利害関係にあると考えられる人や組織をリストアップし，交渉の利害関係者（stake holder）として交渉分析を行う。交渉での提案や選択肢を考慮する際には，この利害関係者が合意しやすいように，提案内容などの対策を事前に検討する必要があるためである。

不適切な利害関係者

　交渉の関係者であっても，その問題に関して決定権があるとは限らない。

　例えば，東京都が日の出町に建設したごみ処分場をめぐる交渉では，処分場建設反対派は，当初，交渉相手として処分場組合を考えていた。しかし，問題が長期化し，解決されず，訴訟を起こすに至ったという経緯がある。

図4-20　交渉の経緯

	住　　　　民		処分組合，東京都
1992年	日の出町処分場（以下第一処分場）の汚水を遮断するゴムシート破損を住民が発見 地下水のデータ公開を請求	→	
同年4月		←	調査し，安全と結論
1994年	新たな処分場建設（以下第二処分場）の環境調査に関して証拠保全申し立て		
同年2月		←	処分組合が拒否
1995年2月	第二処分場建設差し止めと，第一処分場操業停止を提訴	→	

（著者作成）

147

Part 4　共感が影響する意思決定：相互依存関係を扱う交渉理論

図4-21交渉関係者

処分組合（正式名称は，東京都三多摩地域廃棄物広域処分組合，多摩27市町長で組織）	27市町の市議	東　京　都
(1)　市町議会の議員が直接選出している。つまり，市民による直接選挙による選出でない。そのため，市民からリコールされることはない (2)　設立目的は処分場の運営，管理，第二処分場建設であるため，環境汚染に関する機能を備えていない。また国庫補助の対象は建設運営であり，調査には使用出来ない。	1980年11月 　処分組合を設立 1982年 　日の出町と地元自治会との間に公害防止協定を締結した。 　また，処分場建設と引き換えに，日の出町に対し補助金の支払いを開始した。	地方自治法第284条で処分組合設置を許可した。そのため，処分組合に対する指導，監督の権限がある。 　しかし東京都は，「処分組合の自主性を尊重」し，関与には消極的。

（著者作成）

適切な利害関係者

　交渉相手を選ぶ場合の条件は，相手に対して権限を持っていることである。

　この事例では，市民が構成員を選出できる行政組織を交渉相手として選択すべきである。27市町長と議員は，構成員を選出するという意味では，処分組合に対して権限を持つ。また反対派市民は，その27市町長と議員に対してリコールする権限を持つ。日の出町市議と市民の処分場賛成派は，処分場を誘致する権限と，公害防止協定に基づきデータ公開請求する，言い換えれば請求せずに公開させない権限を持つ。この交渉において何らかの権限を持つ交渉者は，27市町長と議員反対派市民あるいは議員，日の出町の賛成派議員と市民の三者である。

「将来不利益を被る」のは利害関係者？

　日の出町ごみ処分場建設の事例に関する利害関係者を検討し，交渉の経緯を，FraserとHipelのコンフリクト・アナリシス（Conflict Analysis）[13]という交渉分析手法を用いて分析すると，図4-22のようになる。

148

6章　交渉の利害関係者とは？

図4-22　利害関係者

交　渉　者	選　択　肢	選択しない場合の意味
N(1)	補助金と引き換えに現状維持	反対派市民の意向をふまえ処分場問題を議論する
N(2) 反対派市民と議員	処分場の安全対策要求	水源地での汚水漏洩れに耐える
	第二処分場建設の一時中断	当面ごみの埋め立てを認める⑮
	ごみ問題解決のための代替案の検討	処分場問題は現状維持
N(3) 日の出町の賛成派議員と市民	補助金	過疎化対策を処分場以外に求める

（出典：拙著「科学的交渉理論「HICAT」」p. 182）

　予測される交渉結果は，戦略C，戦略K，戦略Pである。この中で戦略Pは，まさに現実に起きている，強制収用を招いた交渉状況である。

　交渉の硬直状態を解決する戦略を，聖点（Hijiri Point）分析[14]により検討すると次のようになる。交渉者が選んだ戦略が最も望ましい戦略であれば，交渉者があえてその戦略を変更することは考えられない。つまり戦略の安定性が高く（rational），均衡点となる。複数の均衡点の場合に一つの弁法として，基数のNash Pointに相当するのが，聖点分析であり，満足度を序数の順位の積（選好序数）で表現する。双方の交渉者の均衡戦略に関する序数の中で，ドミナントの組つまり，他の均衡解と比較し序数値に基づき判断する。

　交渉結果として予測された各戦略について，交渉者全体にとり最も満足度の高い戦略が聖点であり，この場合は戦略Cである。

149

Part 4　共感が影響する意思決定：相互依存関係を扱う交渉理論

図4-23　コンフリクト・アナリシス分析

戦略名		A	B	C	D	E	F	G	H	I	J	K	L	M	N	O	P
対応策の組み合わせ	N(1) 議員 (1) 現状維持	0	1	0	1	0	1	0	1	0	1	0	1	0	1	0	1
	N(2) 反対派 (2) 安全対策	0	0	1	1	0	0	1	1	0	0	1	1	0	0	1	1
	(3) 安全対策	0	0	0	0	1	1	1	1	0	0	0	0	1	1	1	1
	(4) 代替案検討	0	0	0	0	0	0	0	0	1	1	1	1	1	1	1	1
	N(3) 日の出町賛成派 (5) 補助金	1	1	1	1	1	1	1	1	1	1	1	1	1	1	1	1
戦略の選好序数	N(1) 議員	15	16	11	12	3	7	2	6	13	14	9	10	4	8	1	5
	N(2) 反対派	5	1	13	9	6	2	14	10	7	3	15	11	8	4	16	12
	N(3) 日の出町賛成派	15	16	10	12	4	8	2	6	15	14	9	11	3	1	1	5
均衡戦略の序数の積				1,430								1,215					300
聖点				！													

（出典：拙著「科学的交渉理論「HICAT」」p.184）

　交渉を分析するためには，このように利害関係者を定める必要がある。では，交渉を考える際に利害関係がある人や組織は，これで網羅できているのだろうか。

　交渉で合意するためには，決定権を持つ当事者を把握することが重要となる。しかし，決定権を持たなくとも，利害関係が考えられる場合がある。それは，例えば「将来利害関係者となる」可能性のあるものの存在である。

　例えばある一部の土地が汚染される可能性のある施設の建設をめぐり，交渉が行われるとする。その際，決定権を持たないが交渉の結果により影響を受ける可能性のあるものにはどのようなものが考えられるだろうか。

6章　交渉の利害関係者とは？

図4-24　施設建設をめぐる交渉の「利害関係者」

		地域の広がり				
		施設周辺	施設周辺の地下	施設周辺の上空	施設の下流	国外？
時間の経過	現在	生物	A.　地下水 B.　生物	大気 生物	地下水 生物	？
	将来	？	A-1.　施設の地下を通った地下水 A-2.　その地下水と接した地下水 　　　？ B-1.　施設の地下に住んだ生物 B-2.　その生物と接した生物 　　　？	？	？	？

（著者作成）

　図中の？は，関係するものの全てをリストアップすることの困難さを示している。更にこの図は，次の世代の生物等に関しても，同様なものを書くことが必要になる。もし汚染の影響が継続するならば，年月や地域を超え，次の更に次の世代の図というように，関係するものが拡大していくことが予想できる。

　一つの交渉に関し，決定権はないが利害関係がある，あるいは望まずして利害関係が発生してしまう可能性が考えられるものを書ききることはできない。その理由は，予期しない範囲まで影響を及ぼす可能性があるためと，どこまで共感するかに関係してくるからだ。

　共感や尊厳の必要性は，人により異なる。それが交渉で配慮するものの範囲に関係してくるため，交渉の正解は，人により異なってくる。交渉には合意したものの，理由の分からない不満が心に残っているのなら，自身が思うより，自身が必要とする共感や尊厳の範囲が広いのかもしれない。

　自身の精神が必要としているものは，周囲や他者に対する想像力と，想像する勇気かもしれない。

151

Part 4　共感が影響する意思決定：相互依存関係を扱う交渉理論

図4-25　意思決定における想像力と創造する勇気

想像力との関係	想像できないケース	想像できる　かつ　想像することを止めるケース	想像できる　かつ　想像することを止めないケース
		現 状 認 識	
	交渉が思うように進まない	交渉が思うように進まない	交渉が思うように進まない
		想像プロセス	
	無	もし，対立がエスカレートしたら？ 勝敗にかかわらず，描いていた将来に変化が起こることを想像する。	もし，対立がエスカレートしたら？ 勝敗にかかわらず，描いていた将来に変化が起こることを想像する。
		もし，主流派に反対したら？ 反対を表明することにより，周囲の自分への行動が変化する可能性を想像する	もし，主流派に反対したら？ 反対を表明することにより，周囲の自分への行動が変化する可能性を想像する
考えられる選択肢の多様性 by 想像力・創造力の有無 ＝教育の質に依存		もし，想像することを止めたら？ 発言しなければ自分の身は危なくならないが，対立がエスカレートした世界で生きる可能性を想像する。同時に，自分が発言しなかったという記憶を持ちながら生きることを想像する。	もし，想像することを止めたら？ 発言しなければ自分の身は危なくならないが，対立がエスカレートした世界で生きる可能性を想像する。同時に，自分が発言しなかったという記憶を持ちながら生きることを想像する。
		思考プロセス	
	無	自分の想像を自分で検閲することを，自分はどう考えるのか？ 自分の魂の手綱を誰が握るのか？	自分の想像を自分で検閲することを，自分はどう考えるのか？ 自分の魂の手綱を誰が握るのか？
		選択肢：その特徴	
	単一選択肢	複数の選択肢を考案できる	
	既存の技術等に依存 ：迅速に対応可能な解決策	選択肢1)　既存の技術等に依存 ：迅速に対応可能な解決策	選択肢1)　既存の技術等に依存 ：迅速に対応可能な解決策
		選択肢2)　交渉の継続方法を創造する ：新な提案内容を創造する必要があるため，変化が可視化するまで時間を要し，他者からの短期的評価困難	選択肢2)　交渉の継続方法を創造する ：新な提案内容を創造する必要があるため，変化が可視化するまで時間を要し，他者からの短期的評価困難

152

6章 交渉の利害関係者とは？

意思決定結果 by勇気の有無 ＝先人の生き方から自ら学べたか ：選択理由	既存の技術等に依存 ：他の選択肢を想像・創造不可能なため	選択肢1）既存の技術等に依存 ：他者からの短期的評価重視 内容でなく「主流派の意見に賛成すること」を重視	選択肢2）交渉の継続方法を創造する ：他者からの短期的評価は困難だが，既存の技術等が真の問題解決につながらないことを想像し，その結果，胆略的な対策を採用せず，創造が必要と考えた

（著者作成）

「失敗から学ぶ方法」を学ぶために思考する

人間は，失敗したという記憶とともに生きることもある。

図4-26　失敗を経験したあとの3種類の生き方

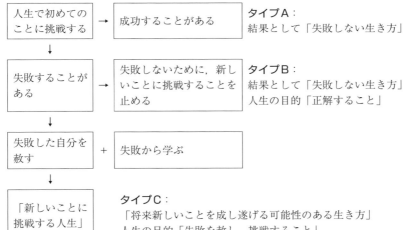

（著者作成）

タイプCの例は，子供である。転んでも立てるまで挑戦する。つまり，転ぶ自分を赦す，そして，新しいことに挑戦する生き方である。

153

Part 4　共感が影響する意思決定：相互依存関係を扱う交渉理論

想像力と失敗

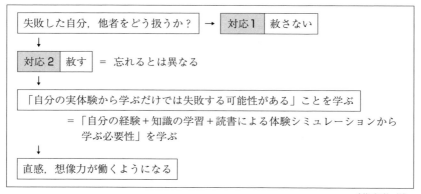

図4-27　人間であるということ　＝　失敗することがある

（著者作成）

　人間であるということは，失敗することがあるということである。そこで問題になるのは，失敗した自分や他者をどう扱うかということである。

　二種類の対応があり，一つは赦さないであり，もう一つは赦すである。この場合の赦すは，忘れるとは異なる。

　赦すことは，「自分の実体験から学ぶだけでは失敗する可能性がある」ことを学ぶことにつながる。さらに，「自分の経験＋知識の学習＋読書による体験シミュレーションから学ぶ必要性」を学ぶ可能性へとつながる。その結果として，直感や想像力が働くようになる。

　もしも後悔から学ぶとしたら，それは，「想像力があるということは，共感するということ」，そして，自分が共感するタイプの人間であると気付くことである。それにより，自分の優先順位を自分の意思で決定する勇気を持つ必要性に気付く可能性が生まれる。

エピローグ

　何かについて考えるという行為に関して，わかっていることが一つある。それは，生物の系統樹の中で，無数に枝分かれした中の一本が，人間として生きている自分のことを示しているということである。

　一つの地球から，植物，動物，鉱物など，ほとんどすべてのものが始まった。「この部分は，最も都合がよくないから，なくても大丈夫かもしれない。」「この部分は，無関係のようだから，気に掛けなくても大丈夫かもしれない。」という判断をくり返した先には，どんな世界があるのだろうか。

　自分の使命を考える時，地球から枝分かれした系統樹の一部としての自分に，もし託されている思考のバランスがあるとしたら，それはどのような方向を目指すものなのだろうか。

謝辞—あとがきに代えて

　まずこの本を執筆する出会いをくださった，国際基督教大学（International Christian University（ICU）時代からの恩師，藤田忠先生に感謝を申し上げたいと思います。恩師との共著として，意思決定を科学的に捉える書籍を出版させていただきました。それをきっかけにして，科学的視点に加え，制約となる人間の機能的側面に関する視点を加味し，満足できる意思決定をするためにはどうしたらいいのかを考えるようになりました。藤田先生の研究室には，「愛は教師である」という言葉が飾られていましたが，学生時代には，特に深く考えることはありませんでした。それがこの度，これまでの研究をまとめる機会をいただき，実はすべてが藤田先生の研究室から始まり，二十年以上の時を経て，そこへ戻ってきたのではないかとも思えます。藤田先生からいただいたものが，いかに大きかったのかを，今改めて感じております。

　そして今回の原稿を執筆するに際し，1年以上にもわたり，度重なる修正のお願いにも快く応じてくださり，献身的に協力してくださった泉文堂佐藤光彦氏にも，心からの感謝を申し上げたいと思います。

　働いておりますと，家族が病気になると申し訳なく思い，子どもの学芸会の度に出勤していますと，今度は別の意味で申し訳ないと感じます。仕事と家庭のバランスに自信が持てず，今なお悩み続けている私を暖かく見守って下さる人生の先輩方へ，この場をお借りし，本当にありがとうございますと，感謝のお礼を申し上げたいと思います。そして，同じ悩みを共有してくださる方々からは，言葉にならないほどの励ましをいただいております。私が現在も続けることができておりますのは，皆様のおかげだと，本当に心から感謝しております。

未知のものを迎え入れるという生き方に気付かせて下さった，Canadaの Waterloo大学，Keith W.Hipel教授とNial M.Fraser教授にも感謝しております。博士課程を卒業し，大学に助手として就職したばかりの夏，藤田先生から「博士論文を持って，挨拶に行きなさい」といわれ両教授に初めてお会いしました。論文のためにFraser教授とHipel教授の本や論文を読んでいた時には，お会いする機会があるとは思ってもみませんでした。

　ところが，大学のホームページでFraser教授の連絡先を調べて連絡し，訪ねて行った私に対しFraser教授は，「セミナーを企画したからあなたのレジュメを送ってください」とおっしゃってくださり，当時博士論文を執筆中だった大学院生May Tajimaさんの車でWaterloo大学まで迎えてくださるまでのご配慮いただきました。そして，木々に囲まれたご自宅へご招待していただき，庭先に広がる湖を背景にして高く燃え上がるキャンプファイヤーの炎を見ながら，東京との環境の違いに驚くとともに，一方的に訪問させていただいた私への数々の心遣いに，大変恐縮したものでした。

　そして，Fraser教授のご紹介によりHipel教授にもお会いできることになりました。セミナーで指摘された点に関してHipel教授に相談したところ，丁寧に対応してくださり，その日の午後に会う約束をしていたMayさんに翌日誤りに行くと，「Hipel教授に会いに行ったと聞いて，たぶんその日は会えないだろうと思っていた」と言われ，初対面か否かにかかわらず親身になって接するHipel教授のお人柄にとても驚きました。Hipel教授はまた，ご自身の運転で，近くのアーミッシュの村に連れて行ってくださり，ご自宅にご招待してくださったり。全く面識のなかった私へのHipel教授のご好意を，今も私は忘れることはできません。

　そして，CanadaのBritish Columbia大学のSteven Heine教授にも，他者を受け入れることの大切さや，他者との差異を分析的に捉える考え方を教えていただき，感謝しております。British Columbia大学に客員研究員として滞在した際には，初対面であるにもかかわらず，Heine教授には様々な場面でご親切

謝　辞

にしていただきました。さらには，Heine教授の研究室に参加させてくださり，人間の差異や共通点などを漠然と考えるのではなく，どのような状況で，どのような行為として観察できるのかという視点で研究することの意義を教えていただきました。また，大学院生と一緒に実験に参加させていただき，実験と人との関係を考える機会をいただきました。

　私の現在の研究分野への関心の芯は，ICUにおける，今から考えると魅力的な経験から生まれたのだと思います。一見して自分とは共通点のある人でも，その内側には多彩な経験や思考があること。そして，一見したのでは自分との共通点に気づきにくい人との間には，探せば次々に共通点が見つかるということ。差異を踏まえながらも共通項を探し，ともに何かを作り上げていくという環境は，地球上で生活する上では当たり前であるということを，ICUでは経験することができました。

　人生におけるこうしたさまざま出会いは，人の行為の裏に隠されている本心を探究する能力，あるいは，目に見えるものに対する自身の解釈を疑い，見えないものを見極めようとする精神が，人の心に喜びを生み出すことになる可能性について考えるきっかけを私に与えてくれました。
　このような「人の心に喜びや，生きる意欲を生み出すことができる人」という存在は，人がAIではなく人を求め続ける理由の一つとなるのかもしれません。

　外から見える人の姿，行為，そして思考との組み合わせの多様性を認識する出発点となったICUには，高校時代も含めると通算して10年以上も通いました。その意味で，いつまでも学生でいる私を忍耐強く見守っていてくれた両親にも，感謝したいと思います。
　そして最後に，いつも至らない母親業に我慢し，人が生まれるということには人間の力が及ばない場合もあると教えてくれ，人間の成長と教育の関係を考える機会を与えてくれる子供たちと，家族の日々の生活を物質的かつ精神的に

159

支えてくれる夫にも感謝いたします。

　なお，本文中の間違いや説明不十分な点につきましては，読者各位の率直な
ご意見をいただければ幸いです。

2018年爽秋

著　　者

Thought—Accounting Rule Reversals and Sympathy
by Hijiri Kumada

[Summary]

Part 1: Why People Are Dissatisfied with Decision-making

Chapter 1: What Humans Expect of Thought

What do human beings seek when thinking becomes necessary?

The minimal expectation is probably avoidance of errors. Even when we abide by accepted contemporary standards of judgment, thinking is directed toward certain solutions. People probably think about determining courses of actions for the sake of evading the ill-opinion of others. Gradually this metamorphoses into things that can be considered more certain and better.

Chapter 2: Is Thought Confined within the Brain?

What is thought?

Our forefathers spoke of thinking of the happiness of others. How does this relate to one's own happiness? How does the act of thinking for oneself relate to others? I should like to define the act of thought as a way of influencing one's own physical being, thus setting up some kind of exchange with others and influencing their thinking. In such a case, I divide the human being into brain and the heart and physical being.

Why is thought considered as something related to one's entire body and as something capable of influencing the thought of others? This entails first of all paying attention to circumstances requiring thought and examining what is possible when one thinks within the brain.

Fig. 1-4. Things that may happen when we think with our brains

1) Circumstances at the initiation of thought

The sense of being in circumstances that neither the self nor the other can overlook. (Possibly related to the sense organs of sight, hearing, smell, or touch or to other possibilities.)
↓
2) As a result of the sensitivity of the sense organs, information from the processing of actual circumstances is transferred to the brain as electrical or chemical signals.
↓
3) The brain interprets the signals; that is, electrical or chemical changes occur.
↓
4) The brain produces though; that is, electrical or chemical changes occur.
↓
5) Electrical or chemical changes occurring in the brain are transferred to the body.
↓
6) Changes occur in the body too in response to stimuli from the brain; that is, electrical or chemical changes and the generation of matter occur in the brain.

(author's chart)

What happens in the body during thinking?

When a person is concerned over some circumstance, 2) he perceives through the sense organs that something is to be taken into the body. Upon receipt of this 3), the brain interprets the circumstance and 4) initiates the operation of thinking. When the brain begins working in this way, electrical or chemical signals are generated. 5). This triggers electrical or chemical signals in the brain and transfers some kind of electrical or chemical change to the body. As a consequence, in response to stimuli from the brain 6), changes may occur in the body.

These changes occurring in the body may take the form of electrical signals or the form of substance generation. The assumption that worry can cause sickness reflects the idea that, consciously or subconsciously, the result of cerebral activity can possibly influence the physical body. If substance generation in the body results from the transferal of stimuli from the brain, what can this be thought to cause?

Do one's own thoughts influence others?

If the quantity of the substance generated in the body is very small, even if ejected, it probably will not reach others. But what if the other person's sense organs are hyper-keen? Or suppose the other party can detect the substance through efficient use of several sense organs. What will happen then? Volatile substances emitted into the atmosphere by one animal can cause reaction in the activities or physiological reactions in other animals. Such being the case, depending on circumstances and the partner in question, transferal to others in reaction to one's own thought action is conceivable.

Why do agreements seem easy to achieve when the other party makes concessions in advance?

If, in some form or another, thought is transferred to others, the feeling that concessions seem possible may arise because the other party started entertaining the idea of compromise beforehand. When opinions clash, many people first of all insist on having their own way. But, before expressing this stubborn stance, some people subconsciously try to see things from the other person's viewpoint and, within their own capabilities and limitations, seek ways to solve the others' problems. Then, reexamining his own opinions, the first party will express his real feelings. It is possible that the unintentional habit of thinking this way can stimulate the idea that agreement can be reached smoothly because the other party is willing to make concessions.

Perhaps the overall mechanism becomes clearer if we think of a series of concessional activities on the parts of both sides as resulting from what might be called negotiation pheromones.

Pheromones are generated within the body of an organism and, when emitted, can be transferred to another organism, within the body of which they cause changes. Perhaps thoughts of concessions, so important to negotiations, may arise in one organism. They may then be emitted and, when transmitted to another organism, stimulate thoughts of compromise in the recipient. If such is the case, we can speak of compromise as an expression of the influence of negotiation pheromones.

Chapter 3: Does "Reversal of Accounting Rules" Happen?

How are we to determine whether our thoughts are positive or negative in relation to ourselves?

The idea of conceding may mean offering something material to another person. At the same time, it may mean giving to the other party something immaterial, like one's place in line at an entrance. I should like to make a positive-negative comparison of both material and immaterial concessions.

First, in reference to an abbreviated chart of general accounting rules, I should like to reexamine the idea of concession from the accounting

欧　　文

viewpoint.

It is important to remember that concession accounting rules may influence human dignity-accounting rules too. There are many interpretations of dignity. One is the desire to go on living and continuing a life of self-affirmation.

In ordinary accounting rules, a person who increases his own profit is considered a success and is thought to improve his reputation in relation to others. In human dignity accounting rules, however, the opposite interpretation is thought possible.

What does a positive advantage for dignity mean?

People are pleased when another party makes a concession. At the same time, some people take pleasure at examining their own capabilities and making concessions to another party. This is because conceding provides an opportunity for self-affirmation. In other words, the negative result of conceding can be an advantage in terms of dignity.

What does a negative result for dignity mean?

On the other hand, receiving a concession can impose a sense of psychological burden. In other words, a positive concession advantage can create a negative dignity advantage. This reveals a situation in which general accounting rules seem to be reversed. I think that opportunities for negotiation—that is, opportunities for self-affirmation—are necessary to the prevention of reduction in dignity advantage.

165

> ### Fig. 1-7. Balance sheet (BS) in dignity accounting
>
> *BS in general accounting rules*
> Assets (assumed future income) = Liabilities (assumed repayment obligations)
> + Net assets (assumed freedom from liabilities)
>
> *BS in dignity accounting rules*
> Opportunities for cultivating resolution to go on living =
> Opportunities for receiving material/immaterial sympathy from others
> + Opportunities for demonstrating one's own material/immaterial sympathy

(author's chart)

Fig. 1-7 compares a BS made on the basis of general accounting rules and one made with dignity accounting rules. To increase future income, an ordinary person strives to increase the assets at his disposal. Conceivably, to this end, it seems advantageous to limit, to an extent, sympathy for the other party's pain.

On the other hand, according to dignity accounting rules, determining to go on living requires receiving sympathy or sympathizing and implanting the idea of sympathy within oneself. With the idea of accepting something unconditionally, the other party adopts the idea of sympathy. Participating in this experience, when an individual demonstrates sympathy, he feels that the other party is affirming him. This enables him to experience the feeling that the other party affirms him and therefore that he himself is self-affirming. As this experience is repeated, it surely cultivates a wider realm for the operation of sympathy.

Sympathy as self-defense

People wish to defend themselves when they fear helplessness for which they are unprepared. This sense is instinctive and necessary to existence. But, when allowed to take extreme precedence to the extent where thought is always directed toward the need for something else, it can create inconvenient circumstances. This is because receiving an opportunity for self-affirmation requires that concessions be made and sympathy shown to the other party.

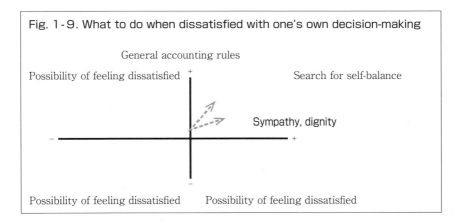

(author's chart)

The idea of comparative affirmation, or a sense of security, provides temporary satisfaction. It is only temporary because a change in circumstances can alter it to a sense of frustration, defeat, and isolation. The satisfaction arising from sympathy, on the other hand, is continuous. In spite of changing circumstances, as long as opportunities for sympathy can be found and as long as one's life persists, it is reliably guaranteed. And, throughout life, it will be easy to find others who share one's frustration, defeat, and isolation.

The meaning of altruistic sympathy unknown to society

Does sympathy for others without social recognition have meaning? The answer to this question is the idea that sympathy for others is the very thing that provides opportunities for one's own self-affirmation. Everyone experiences a series of despair, fear, and loneliness in life. It may be that a smiling face in response to a sympathetic other party provides the will to go on living even under such circumstances. Or it may be that a smile of sympathy from another sympathetic person may represent encouragement to go on living. Perhaps sympathy is a source of the strength to go on living.

Without doubt when it seems that all has been lost, one's own spirit with which one can freely determine one's own ideas remains. The person decides how important dignity is to his or her spirit. It can be said that thought about one's own sympathy gives the kind of dignity a person hopes for and needs.

Thought for learning from mistakes

People sometimes live with the memories of their mistakes.

欧　　文

Fig. 4-26. Three types of living after experiencing mistakes

| Challenging something for the first time | → | Success is possible |

Type A : A way of living in which failure is not a possible result

↓

| Failure is possible | → | To avoid failure, abandon new challenges |

Type B : A way of living that ultimately avoids failure

Life goal : to find correct answers

↓

| Forgiving one's own mistakes | + | learning from them |

↓

| Life entailing challenging the novel | | |

Type C : A way of living that makes future successes possible

Life goal : to forgive failures and keep challenging

(author's chart)

Type C is a juvenile. After falling down, accepting the challenge to stand up again. In other words, a way of living that, while tolerating mistakes, makes fresh challenges.

Power of imagination and mistakes

Being human means making mistakes. The issue is how you handle yourself and other people who made mistakes. There are two responses: to forgive the mistake or not to forgive it. Forgiving does not mean forgetting.

One is related to learning from realizing the possibility of making mistakes solely on the basis of one's own experience. The other is related to learning from experience simulations entailing one's own experience, learned

169

knowledge, and reading. Both intuition and imagination operate in the results of these two.

Learning from regrets means that imagination leads to sympathizing and to the realization that one is of the sympathetic type. This can generate the need to be aware that one determines priorities on the basis of one's own intents.

In connection with the object of thought, one thing must be understood: the individual living human being is one among the innumerable branches of the biological tree of life.

Almost everything—animals, plants, and even minerals—originates from a single terrestrial globe. What kind of a world would result from judging some things dispensable because they are inconvenient or undeserving of attention or because they are unrelated to anything else?

In considering our own missions, we must investigate our orientation and the permissible thought balance attributed to the individual as one of the ramifications of the global tree of life.

Acknowledgment —in Place of a Postscript

First, I want to extend thanks to Professor Tadashi Fujita, my mentor since my days as a student at International Christian University (ICU), who conferred with me in connection with writing this book. I should also like to express my heartfelt gratitude to Mr. Mitsuhiko Sato of the Senbundo Publishing Co., Ltd., who cooperated devotedly in preparing the manuscript.

In addition, I am grateful to Professor Keith W. Hipel and Professor Nial M. Fraser of Waterloo University in Canada, who introduced me to a way of living that accepts the unknown. The summer after I had completed my doctoral course and was employed as a university assistant,

Professor Fujita told me to take my doctoral thesis with me and call on Professors Hipel and Fraser. This was my first meeting with them. While reading their books during my thesis preparation, I never thought I would have a chance for such a meeting.

Looking up his address on his website, I made contact with Professor Fraser, who told me to send my résumé to a seminar they had planned. He made arrangements for May Tajima, a graduate student then working on her own doctoral thesis, to pick me up in her own car and take me to Waterloo University. He then invited me to his home in a wooded setting. As we sat in the garden, watching a campfire blazing against a lake in the background, I was surprised by the difference between this and the Tokyo environment and somewhat embarrassed at the many ways my hosts demonstrated consideration for me, a self-invited guest.

Later Professor Fraser introduced me to Professor Hipel, who carefully discussed the seminar with me and explained various points. At this, our first meeting, the affability of his personality surprised me. Professor Hipel next drove me in his own car to a nearby Amish village and then invited me to his home. I still remember the many kindnesses he showed me, a total stranger.

I am also grateful to Professor Steven Heine of the University of British Columbia, Canada, who instructed me in the importance of accepting other people and of analytically understanding the differences between the self and others.

During my stay at the University of British Columbia as a visiting scholar researcher, though we were meeting for the first time, Professor Heine treated me kindly in various settings. He allowed me to participate in the work of his laboratory and taught me the importance of accepting others. Instead of treating differences and shared traits between people in vague terms, he instructed me in the significance of research from the standpoint of how to observe them in various circumstances and as representing certain kinds of acts. Experimenting together with graduate school students gave me opportunities to think of the relationships between experiments and people.

If I think about it now, I see that the core interest of my present research field was born of appealing experiences. Within them, even people who apparently have things in common with me, have had diverse experiences and thoughts. Among people in whom points shared with me are apparently hard to detect, things in common emerge one after the other if we seek them.

At ICU I have experienced the knowledge that life on this planet requires us to accept as granted the idea that we must work together to create an environment where we find common terms while taking our differences into account.

Encounters of these kinds have given me the impetus to think about the possibilities of the ability to seek true intentions hidden behind human actions and the possibilities that doubting one's own interpretations of the visible and ascertaining the invisible constitute the spirit that can bring joy to the human heart. People who generate joy in the human heart and the will to go on living, may provide us with a reason for continuing to seek, not artificial intelligence, but humanity.

ICU was the starting point for my recognition of the diversity of the combination of visible exterior human shapes, actions, and thoughts. Including the high school period, all told, I attended there for more than ten years. I should like to thank my parents, who watched over me, the eternal student, all this time with great forbearance. And finally, I want to repress my gratitude to my husband and my children.

In conclusion, I should like to say that I welcome reader

欧　　文

comments on any errors or inadequate explanations in this book.

Hijiri Kumada

At home in Tokyo

November 2018

参 考 文 献

Part 1

(1) これは隣人をユダヤ人と限定していると解釈されることもある旧約聖書のレビ記19・18「あなたの隣人をあなた自身のように愛しなさい」とは異なる。新約聖書のヨハネ13・34の言葉であり，そこでは隣人を一部の人に限定していない。新改訳聖書刊行会訳「新改訳聖書」，日本聖書刊行会，1983

(2) M.O.Fitzgerald,J.Fitzgerald,"Indian Spirit" World Wisdom Inc.,2006（マイケル・オレン・フィッツジェラルド，ジュディス・フィッツジェラルド　編，山川純子訳「インディアン・スピリット」株式会社めるくまーる，2011）

(3) 池谷裕二監修「脳と心のしくみ」新星出版社，2016

(4) Daniel Chamovitz, "What a Plant Knows: A Field Guide to the Senses", Scien-tific American,2013（ダニエル・チャモヴィッツ，矢野真千子訳「植物はそこまで知っている」河出書房新社，2013）

(5) Frans de Waal, "Good Natured：The Origins of Right and Wrong in Humans and Other Animals", Harvard University Press,1997（フランス・ドゥ・ヴァール，西田利貞，藤井留美訳「利己的なサル，他人を思いやるサル」草思社，1998）

(6) Thomas Suddendorf, "The Gap:The Science of What Separates Us from Other Animals", Basic Books,2013（トーマス・ズデンドルフ，寺町朋子訳「現実を生きるサル空想を語る人」白揚社，2015）

(7) Marc Bekoff, "The Emotional Lives of Animals：A Leading Scientist Explores Animal Joy,Sorrow,and Empathy － and Why They Matter", New World Library,2008（マーク・ベコフ，高橋洋訳，「動物たちの心の科学」青土社，2014）

(8) 長谷川英祐，「働かないアリに意義がある」株式会社KADOKAWA，2016

上記以外に以下のものを参考にした。熊田聖，"交渉を生物学的に還元する―譲歩の過程と交渉フェロモン―"，日本交渉学会誌，Vol.27No.1,2017 p.30－44

Part 2

(9) Show,J.,"THE MEMORY ILLUSION Remembering Forgetting,and the Science of False Memory", DGA Ltd,London,2016（ジュリア・ショウ，服部由美訳，「脳はなぜ都合よく記憶するのか」，講談社，2016）

175

Part 3

Part 3の執筆にあたり，藤田忠，熊田聖，「意思決定科学」，泉文堂，1996より，大部分を抜粋している。「意思決定科学」を出筆した際の主要参考文献と，本書での参考文献を以下に記載する。

1章　意思決定と情報

Simon French, "Decision Theory", John Wily and sons, 1986

藤田忠，「経営意思決定の分析」，中央経済社，1976

2章　決定分析

藤田忠，「経営意思決定の分析」，中央経済社，1976

Simon French, "Decision Theory", John Wily and sons, 1986

熊田聖，「科学的交渉理論「HICAT」」，泉文堂，1998

3章　プロジェクト管理のための手法

Moder & Philips, "Project Management with CPM and PERT," Reinhold Puplishing corporation, 1964

R.J.Thierauf & R.C.Klekamp, "Decision Making Through Operation Research", John Wily & Sons, 1975

4章　マーケット戦略

R.J.Thierauf & R.C.Klekamp, "Decision Making Through Operation Research", John Wily & Sons, 1 975

5章　待ち行列に関する手法

藤田忠計数管理コース，「販売の数理」，日本マネジメントスクール，1980

6章　経営状況を判断するための手法

藤田忠，「経営意思決定の分析」，中央経済社，1976

藤田忠計数管理コース，「財務・投資の数理」，日本マネジメントスクール，1980

7章　コストに関する手法

藤田忠，「経営意思決定の分析」，中央経済社，1976

藤田忠計数管理コース，「財務・投資の数理」，日本マネジメントスクール，1980

藤田忠監訳，R.I.ロビンソン，R.W.ジョンソン，「財務管理入門」，学習研究社

Part 4

(10)　Von Neumann,J.,Morgenstern,O., "The Theory of games and economic behavior", Princeton, N.J., Princeton University Press, 1944

(11)　Fisher, R, Ury, W.L. and Patton, B, "Getting to yes : Negotiating Agreement Without Giving In", penguin Books, 2011.

参 考 文 献

⑿　藤田忠，熊田聖，「意思決定科学」，泉文堂，1996，p. 217- 227

⒀　岡田憲夫，K.Wハイプル，ニル.Mフレーザー，福島雅夫，「コンフリクトの数理：
　　メタゲーム理論とその拡張」，現代数学社，1988

⒁　熊田聖，「科学的交渉理論「HICAT」」，泉文堂，1998

　以上の他に次の書籍も参考にしている。

NPO法人日本交渉協会「交渉アナリスト2級通信講座1」，㈱トランスエージェント
NPO法人日本交渉協会「交渉アナリスト2級通信講座2」，㈱トランスエージェント
NPO法人日本交渉協会「交渉アナリスト2級通信講座3」，㈱トランスエージェント

藤田忠　監修，日本交渉学会編，「交渉学ハンドブック―理論・実践・教養」，東洋経済新
報社，2003
　なお，本文中に引用した図の著者（出典元のページ）は，次のとおりである。「対立の
経験をその後に活かす循環」は篠原美登里（p. 62），「交渉主体と交渉代理人」は土居弘
元（p. 3），「相手の本音を推論する仕組み」は藤木清次（p. 170），「対立の段階と打つべき
手」は篠原美登里（p. 65）による。

R.J.Lewicki, D.M.Saunders, J.W.Minton, "ESSENTIALS OF NEGOTIATION", The
McGraw-Hill Companies, Inc., 1997（R.J・レビスキー，D.M.サンダーズ，J.W.ミントン著，
藤田忠監訳，各務洋子，熊田聖，篠原美登里訳，「交渉学教科書―今を生きる術」，文真堂，
1998）
　なお，本文中に引用した「交渉者の知覚を邪魔するもの」の出典元である6章の翻訳は，
各務洋子による。「交渉戦略の選択」（出典元4章），「対立の定義」（同1章），「対立の種
類」（同1章）は，筆者による。

177

主 要 索 引

〔A～Z〕

Alternatives ································· 116

Art and Science ····················· 110

Balance Theory ····················· 120

bargaining ···························· 109

BATNA ······························· 116

Commitment ························· 121

Communication ····················· 118

Conflict ······························ 143

critical path ··························· 82

effectiveness ·························· 55

efficiency ····························· 55

efficient ······························ 109

Hijiri Point ··························· 149

Interest ······························· 113

Legitimacy ··························· 117

mediator ···························· 119

Nach Point ··························· 149

negotiation ··························· 109

Options ······························ 115

PERT ································· 78

PLC ·································· 88

Relationship ·························· 119

Show ································· 33

Show の形 ·························36,37

Show の目的 ························36,37

ZOPA ······························· 139

〔あ行〕

安定成長段階 ························· 88

意志 ································· 50

意思 ································· 50

意思決定 ··········4,12,18,55,57,58,62

意思決定過程 ························ 56

意思決定と情報 ······················ 55

一次独立 ···························· 86

一般的な会計ルール ··················· 12

永続企業 ···························· 87

落とし所 ···························· 121

オプション ·························· 115

〔か行〕

回避戦略 ··························· 129

確実性下の意思決定問題 ················ 58

確実性同値 ··························· 68

確率 ····· 58,59,67,68,70,72,83,87,94,95

価値判断 ···························· 55

金のなる木 ··························· 91

感情伝染 ···························· 19

関心事項 ···························· 113

完全情報 ···························· 71

完全情報の期待価値 ··················· 73

完全情報の正味利得 ··················· 73

記憶 ····················26,27,28,31,32

擬似矢印 ···························· 79

記述的アプローチ ···················· 55

規範的アプローチ ···················· 55

キャッシュ・フロー ··················· 64

急成長段階 …………………………88	財務 ………………………………98,99
共感 …………16,19,20,21,25,26,151	作業 ………………………………78
共感する経験の記憶 ………………29	思考の定義 …………………………7
共感の思考 …………………………21	思考のループ ………………………17
協創 ……………………………113,130	自己資本利益率 ……………………99
競争戦略 ……………………………130	事実 ………………………………29
協創的でない ………………………137	事象 ………………………………78
行列規準 ……………………………93	事象分岐点 …………………………63
均衡点 ………………………………149	システム分析 ……………………56,92
クラメール公式 ……………………86	事前概念 ……………………………57
決定の機会損失 ……………………74	自分の好む現実 ……………………27
決定表 ………………………………58	資本構造分析 ………………………99
検討活動 ……………………………57	シャノン線図 ………………………83
後悔基準 ……………………………74	収益性 ………………………………99
交渉主体 ……………………………111	終価 ……………………………64,69
交渉代理人 …………………………111	順応戦略 ……………………………130
交渉フェロモン ……………………11	商品開発ゲーム ……………………47
交渉分析 ……………………………112	譲歩 ………………………11,110,142
光背効果 ……………………………135	情報活動 …………………………56,57
後続作業 ……………………………78	譲歩の会計ルール …………………13
後退推論法 …………………………68	譲歩の利益 ………………………13,14,16
行動分岐点 ………………………63,64	新製品開発段階 ……………………88
効用 ………………………………76	推移確率 ……………………………83
効率 ………………………………55	推移確率行列 ………………………83
コミュニケーション ………………118	衰退段階 ……………………………89
コンセプト …………………………55	数値的効率 …………………………109
コンフリクト・アナリシス ………148	ストック ……………………………98

〔さ行〕

	成熟段階 ……………………………89
	正当性 ………………………………117
サービス・システム ………………93	設計活動 ……………………………57
最遅時間 …………………………79,81	ゼロ・サム …………………………113
最終状態 …………………………63,64	先行作業 ……………………………78
最早時間 ……………………………79	選好序数 ……………………………149
最適性基準 …………………………57	選択活動 ……………………………57

主 要 索 引

選択的知覚 ……………………… 136
戦略の安定性 …………………… 149
相互関係 ………………………… 119
総資本利益率 ……………………99
測定理論 …………………………76
損益分岐分析 ……………………99
損益分布点 ……………………… 100
尊厳 …………………14,20,22,151
尊厳の会計ルール ……………15,16
尊厳の利益 ………………… 14,15,16

〔た行〕

対外交渉 ………………………… 111
代替案 …………………………… 116
対内交渉 ………………………… 111
対立下 ……………………………61
対立がエスカレートする ……… 144
対立状況 ………………………… 134
対立の終結 ……………………… 145
対立の定義 ……………………… 143
妥協戦略 ………………………… 130
単一ステーション ………………95
知覚の誤り ……………………… 134
知覚防衛 ………………………… 136
定型化 …………………………… 134
ディシジョン・ツリー …………62
定常状態 …………………………85
停滞段階 …………………………89
ディベート ………………42,45,46
投映 ……………………………… 136
統合型合意 ……………………… 128

〔な行〕

認知的均衡理論 ………………… 120

ノイマン・モルゲンシュテルンの効用 ‥76
ノン・ゼロ・サム ……………… 113

〔は行〕

花形 ………………………………91
判断基準 …………3,6,17,18,25,32,49
聖点 ……………………………… 149
標本情報 …………………………71
フイッシャー …………………… 128
不確実性下の意思決定 …………59
不完全情報 ………………………71
フロー ……………………………98
プロダクト・ポートフォリオ …90
分岐 …………………………63,64
並行作業 …………………………78
ベイズ戦略 ………………………71
ポアソン到着 ……………………94
ポアソン分布 ……………………94
飽和段階 …………………………89

〔ま行〕

負け犬 ……………………………91
待ち合わせ問題 …………………95
マルコフ分析 ……………………83
満足基準 …………………………57
問題児 ……………………………90

〔や行〕

矢印 ………………………………78
有限合理性 ………………………57
有効性 ……………………………55
ユーリ …………………………… 128

181

〔ら行〕

ライフ・サイクル …………………………87

利益計画分析 ………………………………99

利益構造分析 ………………………………99

利益図表 ……………………………………99

利害 ………………………………………… 113

利害関係者 …………………………115, 147, 148

利害と立場 …………………………………… 128

リスク下の意思決定問題 ………………………58

利得表 ……………………………………60, 63

流動性 ……………………………………………99

臨界経路 ………………………………………82

著 者 紹 介

熊田　聖（くまだ　ひじり）
明治大学情報コミュニケーション学部准教授。国際基督教大学（ICU）教養学部社会科学科を1989年に卒業したあと横河ヒューレット・パッカード株式会社（現・日本ヒューレット・パッカード株式会社）に勤務。その後，ICU大学院にて行政学研究科博士（学術）を取得。2003年〜2004年，カナダ・ブリティッシュコロンビア大学客員研究員。日本交渉学会会員。

主な著書：
『意思決定科学』泉文堂（共著），『科学的交渉理論「HICAT」』泉文堂，『交渉ハンドブック　理論・実践・教養』東洋経済新報社（共著）など。訳書『交渉学教科書：今を生きる術』文眞堂（共訳）。

英文翻訳：株式会社ぷれす

Hijiri Kumada is an associate professor in School of Information and Communication at Meiji University. Her previous books include Scientific Decision Making and Scientific Negotiation Theory: Hierarchical Conflict Analytic Theory. Her e-mail address is ah00011@meiji.ac.jp.

Translated by Press Co., Ltd.

意思決定論理
思考するということ－会計ルールの逆転と共感
平成30年12月1日　初版第1刷発行

著　　者	熊田　　聖	
発 行 者	大坪　克行	
発 行 所	株式会社　泉文堂	

〒161-0033　東京都新宿区下落合1－2－16
電話　03(3951)9610　ＦＡＸ　03(3951)6830

印 刷 所	税経印刷株式会社
製 本 所	牧製本印刷株式会社

©Hijiri Kamada　2018　Printed in Japan　　　　　　（検印省略）

本書の無断複写は著作権法上での例外を除き禁じられています。複写される
場合は，そのつど事前に，（社）出版者著作権管理機構（電話 03-3513-6969,
FAX 03-3513-6979，e-mail：info@jcopy.or.jp）の許諾を得てください。

JCOPY ＜（社）出版者著作権管理機構 委託出版物＞

ISBN978－4－7930－0399－8　C3034